中国政体制度小史

吕思勉／著

知识产权出版社
全国百佳图书出版单位

图书在版编目（CIP）数据

中国政体制度小史/吕思勉著．—北京：知识产权出版社，2018.1
ISBN 978-7-5130-5240-5

Ⅰ.①中… Ⅱ.①吕… Ⅲ.①政治制度史—中国 Ⅳ.①D69

中国版本图书馆CIP数据核字（2017）第263779号

责任编辑：徐　浩　　**责任校对：**潘凤越
封面设计：张　冀　　**责任出版：**刘译文

中国政体制度小史
吕思勉　著

出版发行：知识产权出版社有限责任公司	**网　　址：**http://www.ipph.cn
社　　址：北京市海淀区气象路50号院	**邮　　编：**100081
责编电话：010-82000860转8343	**责编邮箱：**xuhao@cnipr.com
发行电话：010-82000860转8101/8102	**发行传真：**010-82000893/82005070/82000270
印　　刷：三河市国英印务有限公司	**经　　销：**各大网上书店、新华书店及相关专业书店
开　　本：880mm×1230mm　1/32	**印　　张：**4.125
版　　次：2018年1月第1版	**印　　次：**2018年1月第1次印刷
字　　数：40千字	**定　　价：**25.00元

ISBN 978-7-5130-5240-5

再版前言

民国时期是我国近现代历史上非常独特的一段历史时期，这段时期的一个重要特点是：一方面，旧的各种事物在逐渐崩塌，而新的各种事物正在悄然生长；另一方面，旧的各种事物还有其顽固的生命力，而新的各种事物在不断适应中国的土壤中艰难生长。简单地说，新旧杂陈，中西冲撞，名家云集，新秀辈出，这是当时的中国社会在思想、文化和学术等各方面的一个最为显著的特点。为了向今天的人们展示一个更为真实的民国，为了将民国文化的精髓更全面地保存下来，本社此次选择了一些民国时期曾经出版过的、书名中均有“小史”字样的图书，整理成为一套《民国小史丛书》出版，以飨读者。

这套《民国小史丛书》涉及文学、艺术、历史、哲学、政治、经济等诸方面，每种图书均用短小精悍的篇幅，以深入浅出的语言，向当时中国的普通民众介绍和宣传社会思想各个领域的专门知识。这套丛书通俗易懂，可读性强，在专业知识和理论的介绍上丝毫不逊于大部头的著作，既可供大众读者消闲阅读，也可供有专门兴趣的读者拓展阅读。这套丛书不仅对民国时期的普通读者具有积极的启蒙意义，其中的许多知识性内容和基本观点，即使现在也没有过时，仍具有重要的参考价值，因此也非常适合今天的大众读者阅读和参考。

本社此次对这套丛书的整理再版，基本保持了原书的民国风貌，只是将原来繁体竖排转化为简体横排的形式，对原书中存在的语言文字或知识性错误，以“编者注”的形式加以校订，以便于今天的读者阅读。希望各位读者在阅读本丛书之后，一方面能够对民国时期的思想文化有一个更加深刻的了解，另一方面也能够为自己的书橱增添一种用于了解各个学科知识的不可或缺的日常读物。

提要

此篇论我国政体如何由部落酋长，渐进为专制君主，更一跃而跻于民主，说理精深，证据确凿，与《国体小史》可称二难。其中特别考据，如三皇五帝之为谁，唐虞禅让之真相，共和传说之歧异，蒙古选君之制度，我国民主思想之根原[1]，近人以老子、许行之说，附会无政府主义之谬误等，无一不精切不移，言人之所不能言，而又为人人之所欲言。

---

[1] “根原”，今作“根源”。——编者注

政体可以分类，昔日所不知也。昔者习于一君专制之治，以为国不可一日无君；既集人而成国，则惟有立一君而众皆受命焉尔矣。此由一君专制之治，行之既久，而遂忘其朔。其实天下事无一蹴而成者。中国后世之政体，虽若一君专制之外，更无他途可出，而推原其始，出治之法，实亦不止一途；而古代之君主，与后世之君主，名虽同，其实亦迥异也。

政体之分类，至今日繁杂极矣。然推诸古代，固不如是。欲讲古代之政体，吾谓亚里士多德之说，仍何[1]

[1] “仍何”，疑为“仍可”。——编者注

用也。亚里士多德以治者之多少，分政体为三：曰君主政体，以一人主治者也；曰贵族政体，以少数人主治者也；曰民主政体，以多数人主治者也；予谓真以多数人主治之事甚少。所谓多数、少数，亦就一阶级言之耳。中国政体，于此三者，亦均有形迹可求。特其后君主之治独存。而余二者，遂消灭而不可见耳。今略述其事如下。

邃古之世，草木榛榛，鹿豕狉狉，所谓君长者，不知其果何情状也。《孟子》载许行之言曰："贤者与民并耕而食，饔餐而治。"此盖邃古之俗?[1] 犹乌桓大人,“各自畜牧营产,不相徭役”[2] 也。此等君主,犹后世一村长耳。[3] 最初所谓君长者盖如此?

最初之君长,何自来邪?果如柳子厚之言“假物者必争,争而不已,必就其能断曲直者而听命焉。其智而

---

❶ 近人谓《孟子》“有为神农之言者许行”为诸子托古之铁证,意谓许行造作言语,托之神农也。然此实误解。此神农二字,乃学派之名,非人名,其学即《汉志》所谓农家。《汉志》谓“鄙者为之,以为无所事圣王,欲使君臣并耕”,正指许行之说也。“有为神农之言者”,为当训治,与《汉书·武纪》“丞相绾奏所举贤良方正,或治申、商、韩非、苏秦、张仪之言”句法相同,犹言有治农家之学者耳。许行所称,盖农家之说。而农家此言,则欲以邃古之治为法。犹老子以邻国相望,鸡犬之声相闻,民至老死不相往来,为至治之世也。

❷ 《后汉书·乌桓传》。

❸ 《汉书·西域传》:“乌贪訾离国,户四十一,口二百三十一,胜兵五十七人。狐胡国,户五十五,口二百六十四,胜兵四十五人。”此仅如今日之村落矣。

明者，所伏必众，告之以直而不改，必痛之而后畏，由是君长刑政生焉。近者聚而为群。群之分，其争必大，大而后有兵有德。又有大者，众群之长，又就而听命焉。是故有里胥而后有县大夫，有县大夫而后有诸侯，有诸侯而后有方伯连一，有方伯连一而后有天子”[1] 邪？非也。国之初，盖原于氏族。氏族之长，固有权以治其众。夫其所以治其众者，乃由于亲属，非世所谓政治也。人类最初之结合，盖以亲属为限。然同处一地者，势不能皆为亲属。非亲属不能无争。其和亲者，亦有公共之事，势不能无所听命。其所听者：或以德为众之所归，或以智为众之所信，或其力为众

[1] 《封建论》。

之所慑；或则以小族听命于大族，而大族之长，遂为小族所尊；皆事所可有者也。此为众所听命之人，其所治者，不以亲属为限。凡同处于一地方者，皆受治焉。则始有土地人民，而其所代表者，遂为国家之主权矣。

邃初之君主，或曰必带神权性质，亦不尽然。以能行巫觋之事，而为众所归仰者，固未必无人。然不必尽由乎此。大抵古人信教笃，而社会组织，亦统于一尊。祭所严事之神，或即推统率之人主祭。又凡为君主者，必系一族之长。祭其族中之神，彼固恒为之主。后人不知其以为君长故乃主祭，遂谓其以主祭故而为君长矣。至于造作“感生”“受命”等说，以愚其民，则必国大民众，君主

尊严益甚，然后有之，非邃初所有也。❶

邃初之君主，本无世袭之理。其所以变为世袭者，则以部落之君，多系一族之长，一族之长，本自有其当袭之人。苟一部落中，诸族之尊事一族不变，则此一族中，继为族长之人，自亦仍为部落之长；久之，则成定法矣。此君位继承，所以每与亲族继承，合而为一也。亦有群族所奉，出于公推，不必即为一族之长者，此即选君之制。然人情恒私其子姓。所选者权力既大，选之者不复能制，则毁坏旧法，以传诸其所欲传之人矣。后来蒙古之事即是也。

❶ 见下。

吾国君主之可考者，始于三皇五帝。三皇之为何如人？其继承之际何如？不可考矣。[1] 五帝则据《史记》及《大载礼记》，[2] 实出一族。其世次未必可据，而其统系或不尽诬。[3] 据此二书，图其世系则如下：

黄帝 { 玄嚣—蟜极—高辛—尧
　　 { 昌意—颛顼—穷蝉—敬康—句忘—桥牛—瞽叟—舜

其中无一身相接者。昔人谓传子之局定于禹，信不诬也。

君位传袭之法，据古书所载观之，可分为三：(一)[4] 同族相袭，世

---

❶ 大约非身相接。
❷ “大载礼记”，当为“大戴礼记”。——编者注
❸ 古书所谓某生某者，未必皆父子。
❹ 根据上下文来看，此处疑有错漏。——编者注

次无定者。如尧、舜、禹❶之相传是。此制儒家称为传贤，亦谓之禅。❷其事究竟如何，殊难论定。今附录予所作《广疑古》一篇于后，以见予对此事之见解而已。“孔子曰：唐、虞禅，夏后、殷、周继，其义一也。”❸则继与禅为相对之称。其中又分为二：一父子相传；一兄弟相及。❹父子相传之法，盖定于夏。❺至殷忽行相及之制。此非殷之变夏，古盖自有此两法也。《春秋繁露》云：“商质者主天，夏文者主地。主天者法商而王，故立嗣予子，笃母弟。主地法夏而王，故

❶ 禹父鲧，据《大戴礼记》及《史记》，亦颛顼子。

❷ 其正字当作嬗。

❸ 《孟子·万章上》篇。

❹ 《公羊》庄三十二年，“鲁一生一及”。《解诂》：“父死子继曰生，兄死弟继曰及。”案《公羊》此文，《史记·鲁世家》作“一继一及”。

❺ 夏除仲康及扃外，无兄弟相及者。图见后。

立嗣予孙，笃世子。”[1]《公羊解诂》云：“母弟，同母弟。母兄，同母兄。分别同母者，《春秋》变周之文，从殷之质；质家亲亲，明当厚异于群公子也。[2]大丁之死也，其弟外丙、仲壬继立，皆短祚，乃立大丁之子大甲。沃甲之于祖丁也亦然。则商代相及，盖以同母弟为限。同母弟尽，则还立长兄之子。”《史记》云：“自仲丁以来，废适而更立诸弟子，弟子或争，相代立。”此所谓适，兼指弟与子言。明弟与子各有其当立者也。春秋时，宋宣公舍其子殇公而立其弟穆公，穆公仍传诸殇公。[3]宋固殷后。《礼纪[4]·檀弓》：“公仪仲子之丧，

[1] 《三代改制·质文篇》。
[2] 隐公七年。
[3] 隐公三年。
[4] “礼纪”，今作“礼记”。——编者注

檀弓免焉。仲子舍其孙而立其子。檀弓曰：何居？我未之前闻也。趋而就子服伯子于门右。曰：仲子舍其孙而立其子，何也？伯子曰：仲子亦犹行古之道也。昔者文王舍伯邑考而立武王，微子舍其孙腯而立衍也。夫仲子亦由行古之道也。”微子，殷人。子服伯子所谓古，盖指殷言之也。又春秋时，吴谒、余蔡、夷昧、季子四人，约以兄弟相及。夷昧死，僚以庶长即位。谒子阖庐曰：“将从先君之命与，则国宜之季子者也。如不从先君之命与，则我宜立者也。僚恶得为君乎？”遂弑僚而立。吴僻陋，盖犹沿殷法。亦足证殷兄弟相及，以同母为限也。[1]

（一）禹—（二）启
- （三）太康
- （四）仲康—（五）相—（六）少康—（七）予—（八）槐—（九）芒—（十）泄
  - （十一）不降—（十四）孔甲
  - （十二）扃—（十三）廑

—（十五）皋—（十六）发—（十七）履癸

立子之法，最为普通，然亦有别。所欲立则立之，是为“立爱”，一也。或论长幼，或论嫡庶，则有定分，二也。纯乎立爱，于史无征。惟“母爱子抱”，时时以此私情，破坏定制耳。立长立少，随俗不同，吾国则

[1] 《史记》以僚为夷昧子。案《公羊》载季子谓阖闾曰：“尔杀吾兄”，则《史记》误也。《世本》以阖闾为夷昧子，亦必误。

多立长。“楚国之举，恒在少者”，[1]其特异者也。嫡庶之分，必在妻妾之别既严之后，其起于何时不可知。《吕览》谓：“纣母之生微子启与仲衍也，尚为妾，已而为妻而生纣。纣之父欲置微子启，太史据法而争之。”[2]《史记》则谓“启母贱，不得嗣”。说虽不同，其有嫡庶之分则一。殷兄弟相及，而以同母为限，盖亦以嫡庶殊贵贱也。《左》昭二十六年，王子朝告诸侯之辞曰：“先王之命曰：王后无嫡，则择立长。年钧以德，德钧以卜。王不立爱，公卿无私，古之制也。”襄三十一年，穆叔曰：“大子死，有母弟则立之。无则长立。年钧

---

[1] 《左》文元年。又昭十三年，叔向曰：“芈姓有乱，季必实立。”盖亦以定制如此。定乱者，多依法拥立少者也。

[2] 《当务》。

择贤，义钧则卜。古之道也。”此所谓古，盖皆指周之先世。❶ 周制盖兼取立嫡立长二义者也，为后世所遵行。

（一）成汤｛大丁一、（二）外丙、（三）仲壬｝（四）太甲｛（五）沃丁、（六）大庚｛（七）小甲、（八）雍己、（九）大戊

（九）大戊｛（十）中丁、（十一）外壬、（十二）河亶甲一（十三）祖乙｛（十四）祖辛一（十六）祖丁、（十五）沃甲一（十七）南庚

（十六）祖丁、（十七）南庚｛（十八）阳甲、（十九）盘庚、（二〇）小辛、（二一）小乙一（二二）武丁｛（二三）祖庚、（二四）祖甲｛（二五）廪辛、（二六）庚丁

（二六）庚丁一（廿七）武乙一（廿八）大丁一（土九）乙一（三十）辛

---

❶ 王子朝所谓先王，必周之先世也。

以卜定继嗣，古代多有之。《檀弓》：“石骀仲卒，无嫡子，有庶子六人。卜所以为后者。”《左》昭十三：“楚共王无冢嫡，有宠子五人。无嫡立焉。乃大有事于群望，而祈曰：请神择于五人者，使主社稷。乃遍以璧见于群望，曰：当璧而拜者，神所立也，谁敢违之？既乃与巴姬密埋璧于大室之庭，使五人斋而入拜。”定元年，子家曰：“若立君，则有卿大夫士与守龟在”，皆是也。足征此为古代通行之法。然立君而谋诸卜筮，究为不可恃之道。迷信甚深之世，守龟所示，庸或莫之敢违。至于天道远，人道迩，为众所著知，则龟筮之从，有难戢其争夺之心者矣。又义钧则卜，必先之以年钧择贤，贤否固无一定；而异母之子，又可同时而生。实致争乱之道也。故《春秋》所定之法，较周法尤严。《公羊》曰："立嫡以长不以贤，立子以贵不以长。"《解诂》曰："嫡，谓嫡夫人之子。尊无与敌，故以齿。子，谓左右媵及侄娣之子。位有贵贱，又防其同时而生，故以贵也。礼：嫡夫人无子，立右媵；右媵无子，立左媵。左媵无子，立嫡侄娣；嫡侄娣无子，立右媵侄娣；右媵侄娣无子，立左媵侄娣。质家亲亲，先立娣。文家尊尊，先立侄。嫡子有孙而死：质家亲亲，先立弟。文家尊尊，先立孙。其双生也：质家据见，立先生。文家据本意，立后生。”[1] 凡可以致争端者，无一不豫为之防，其立法可谓密矣。隐四年：“卫人立晋。”《公羊》曰：“立者何？立者，不宜立也。其称人何？众立之之辞也。众虽欲立之，其立之非也。”春秋之立君，主依法，不主从众。以成法易循，众意难见。且众之所是，未必是也。

立子善乎？立弟善乎？曰：立子善矣。人之情不能无私。兄弟之亲，不及父子。又兄弟之年恒相近，少者或无登位之望，不免争夺相杀。鲁桓公，宋太宗是也。立子以嫡不以嫡孰善？曰：立嫡善矣。古代夹辅，每资

[1] 隐元年。

外戚。郑忽以不昏于齐而败，其明证也。立长善乎？立少善乎？曰：立长善矣。立长则君位早定，立少则必有季康子之事矣。[1]

古代君权，盖甚微薄，然至后世则渐重。果以何因缘而至是乎？曰：其故有三。

（一）君脱离亲族之关系，而成其为君。

（二）臣子之权渐削。

（三）君与教务渐疏，政务日亲。

---

[1] 《左》哀三年。

曷言乎君脱离亲族之关系，而成为君也？君主亦必为一族中人，其对异族，虽论君臣之分，其对同族，仍有伯叔甥舅之亲，其权力不得绝殊。而当君主幼冲，或昏庸时，族众之权力，或且驾乎其上，亦势也。然君主所治，不独一族。使对同族之人，专论亲族之关系，国法必为之破坏。故国愈大，所辖之民愈众，则其法愈严；而君主之亲族，能与君主论亲族之关系者即愈少。县子曰：“古者不降，上下各以其亲。”[1]可见自殷以前，君主与亲族之关系，尚无异于恒人。至周则天子诸侯绝旁期，大夫降

[1] 《檀弓》。

一等，以贵贵压亲亲矣。《文王世子》曰："族人不敢以其戚戚君。"《郊特牲》曰："诸侯不敢祖天子，大夫不敢祖诸侯"，皆所以全乎其为君也。方其始也，君臣之异，仅在几微之间。故"君不与同姓同车，与异姓同车不同服"；[1]"唯名与器，不可以假人"。[2]及后世，则天泽之分既严，无藉此等虚文以为别矣。

曷言乎臣子之权日削也？古代贵族，与君相去固近，即贵臣亦非甚远。[3]何则？君与臣本共治一事之人，其职虽有尊卑大小，其地位实非绝

---

[1] 《坊记》。

[2] 《左》成二年。

[3] 《燕义》："不以公卿为宾，而以大夫为宾，为疑也，明嫌之义也。"

殊，理至易见，而亦事势之自然也。[1]

---

[1] 如今机关中之总理，与其下之属员，君臣系共治一事，而臣非其君之私人，在古代义本明白。《墨子》曰：“天子立，以其力为未足，又选择天下之贤可者，置之以为三公。天子三公既已立，以天下为博大，远国异土之民，是非利害之辨，不可一二而明知，故画分万国，立诸侯国君。诸侯国君既已立，以其力为未足，又选择其国之贤可者，置立之以为正长。”晏子曰：“君民者，岂以陵民？社稷是主。臣君者，岂为其口实？社稷是养。故君为社稷死则死之，为社稷亡则亡之。若为己死而为己亡，非其私昵，谁敢任之？”是其义矣。君臣之义，惟在君为出命者，臣为受命者，所谓“君能制命为义，臣能受命为信”也。又君当督责其臣，臣当受督责于其君。故曰：“事君者，先资其言，拜自献其身，以成其信。故君有责于其臣，臣有死于其言。”君臣之义，不过如此。臣不旷其职守，君即不容滥用威权，所谓“君使臣以礼，臣事君以忠”也。《坊记》曰：“事君大言入则望大利，小言入则望小利。故君子不以小言受大禄，不以大言受小禄。”《燕义》曰：“臣下竭力尽能，以立功于国，君必报之以爵禄。礼无不答，言上之不虚取于下也。上必明正道以道民，民道之而有功，然后取其十一。故上用足而下不匮也。是以上下和亲而不相怨也，此君臣上下之大义也。”其报施之道，及彼此各有分职之义，可谓昭然明白矣。古礼亦有臣一似其君之私人者，如“君有疾饮药，臣先尝之”“君适其臣，升自阼阶”“君于臣，有取无假”等是。此由古代父至尊亲，资于事父以事君，故有此礼。然“子之于亲也，三谏而不听，则号泣而随之。为人臣之礼，三谏而不听，则逃之”，其可绝与不可绝，究有不同。且尝药等本非大臣之事也。臣之以身殉君者，非为其私昵，则由意气相得。此由朋友之相许以死耳。古朋友本有以死相许者也。《假乐》之诗曰：“之纲之纪，燕及朋友。”《毛传》曰：“朋友，君臣也。”君臣以职守论，则犹同寮；以交谊论，则由朋友矣。秦穆公与三良饮酒而乐曰：“生共此乐，死共此哀。”三人者皆许诺。穆公死，三人皆自杀以殉之。此君臣之以意气相死者也。

人之情，每易滥用其权力。君权大则下侵其臣，臣权大则上陵其君。求其各守分职，不相侵犯者，盖不易得。古之所患，在臣上陵其君者多，君下侵其臣者少。[1] 又居总摄之地者，侵削其下究较易。故君权日张，臣权日削也。古之所谓世臣者，其位盖有所受之，非人君所得擅去。故如周之周、召，齐之国、高，鲁之三桓，郑

[1] 此由古代事势，与后世不同。读《墨子·尚同篇》，可以见之。盖专制大甚固为患，而分裂大甚，是非无准，纷争莫为之平，其为患尤甚也。孔子曰："天无二日，民无二王。尝禘郊社，尊无二上"，凡事皆欲定一尊以息纷争，盖不独君臣之义然矣。社会思想如此，君臣之义自日昌。《左》襄二十年，宁惠子疾，召悼子曰：吾得罪于君，悔而无及也。名藏在诸侯之策，曰："孙卫林父宁殖出其君。入则掩之。若能掩之，则吾子也。若不能，犹有鬼神，吾有馁而已。不来食矣。"此等悔心，皆君臣之义之昌明，有以使之然也。此事于君权之张，所关实大。

之七穆，无不世执政柄。❶ 又臣与其君，亦可以论曲直。元咺与卫侯讼是也。❷ 后世则无此事矣。臣非无上陵其君者，然特窃君之权而然，非其固有此权矣。

曷言乎君与教务日疏，政务日亲也？邃苦❸之世，政教不分；其或分殊，教务亦重于政务。故为人君者，往往躬揽神教之大权，而政务则不屑措意。世殊时异，主教者仅存虚号，秉政者实有大权。此西藏之第巴，所

---

❶ 世臣与国家休戚，相关甚大。故孟子曰：“所谓故国者，非谓有乔木之谓也，有世臣之谓也。然其弊也，‘政由宁氏，祭则寡人’。又其甚者，则‘万乘之国，杀其君者，必千乘之家。千乘之国，杀其君者，必百乘之家’。”不夺不厌矣。

❷ 《左》襄二十八年。

❸ “苦”，疑为“古”之误。——编者注

以非达赖所能制也。[1] 古代君人之学，首重无为。所谓无为，在后来言之，固非不事事之义。然其初义，则恐正如此。孔子曰："为政以德，譬如北辰。居其所，而众星拱之。"此谓为人君者，当法昊天上帝也。古者天有六，青、赤、黄、白、黑五帝，各有所职。惟昊天上帝，则无所事事，所谓"天立五帝以为相"也。无为初义，盖实如此，后乃以他义释之耳。《礼运》曰："宗祝在庙，三公在朝，三老在学。王前巫而后史；卜筮瞽侑，皆在左右。王中，心无为也，以守至正。"此则俨然入定之僧矣。此等人焉能躬揽政务哉?《礼运》所述，盖王居明堂之礼，邃古之制也。逮于

---

[1] 第巴，官名。清时西藏叛变之事，皆第巴桑结为之，读魏源《圣武记》可见。

后世，则“一日二日万几”，人君于政务，无所不亲揽，其权力亦非古代比矣。

以上三端，皆君权之所由演进也。此等不能确指其在何时，并无从凿指某事某事以实之。特合前后事迹观之，则其理如此耳。

神教之力，颇足以限制君权。《表记》曰：“唯天子，受命于天。士受命于君。故君命顺，则臣有顺命。君命逆，则臣有逆命。”犹西方政教分离以前，教权出于君权之上也。临之以天，为君者即不客自恣。两汉之世，遇日食灾变，则下诏责躬求言，又或策免三公，犹存此意。魏晋以后，老庄之学大行，人皆祟[1]尚自然，而此意亡矣。然神教能限制君权，亦能辅助君权。后世所谓天子者，特谓事天如父，而天亦视之如子而已。古代则不然。《诗》称后稷之生，由姜嫄履巨人迹；契之生，由简狄吞燕卵，是谓“感生”。感生者，感天而生，盖诚以为天帝之子也。如是，则帝王之种，自与人殊矣。“受命”二字，在后世亦成空言。古代则又不然。《召诰》曰：“皇天上帝，改厥元子，兹大邦殷之命。”又曰：“今天其命哲，命吉凶，命历年。”“王其德之用，祈天永命。”盖诚以为一姓之王天下，实天之历数使然。故有卜世卜年之举。而周德虽衰，王孙满犹以

[1] “祟”，当为“崇”。——编者注

“天命未改”，折楚庄之间[1]鼎也。不甯惟是，有大功德者，经一再传之附会，而其人遂介于人与神之间。开国之祖，太[2]率有功德者也，本易为人所追慕，所传述；况复加之以其子孙之崇奉，用配天等礼，昭示于众乎？其为万民所归仰，宜矣。有盛德者必百世祀。祖宗之声名，固亦足以大庇其后嗣也。后世所谓摄政者，特代行君主之事耳，其人则犹居臣位也。古代则不然。《明堂位》曰：“昔者周公朝诸侯于明堂之位，天子负斧依南乡而立。”注：“天子，周公也。”又曰：“武王崩，成王幼，周公践天子之位，以治天下。”此与清末朝会，

[1] “间”，当为“问”。——编者注
[2] “太”，当为“大”。——编者注

溥仪居位，载沣斜身恭扶者大异矣。[1]《公羊》隐四年，“隐曰：吾使修涂裘，吾将老焉”。何君曰：“将老焉者，将辟桓，居之以自终也。故南面之君，势不可复为臣，故云尔。”《孟子·万章篇》：“咸丘蒙问曰：语云，盛德之士，君不得而臣，父不得而子。舜南面而立，尧师诸侯北面而朝之，瞽瞍亦北面而朝之。舜见瞽瞍，其容有蹙。”“孟子曰：此非君子之言，齐东野人之语也。”衡以何君之说，谓尧北面而朝固非，谓舜南面而立则是矣。然则摄政者，特有期限；期满当退，为异于真君耳。执此义以推之，则似古代嗣君服丧之时，其位皆由他人摄代。《论语·宪问》：“子

[1] 《书·大诰》之“王若曰”，王肃以为成王，郑玄以为周公。

张问曰：《书》云，高宗谅阴，三年不言，何谓也？子曰：何必高宗，古之人皆然。君薨，百官总已，以听于冢宰，三年。”然则三年之中，嗣君本不自为政。故伊尹可放太甲于桐也。《书·无逸》曰：“高宗亮阴，三年不言。其惟不言，言乃雍。”《论语·学而》：“子曰：父在观其志，父殁观其行。三年无改于父之道，可谓孝矣。”三年无改于父之道，盖谓三年丧毕，所行克肖其先君，即“其惟不言，言乃雍”之谓也。《坊记》曰：“升自客阶，受吊于宾位，教民追孝也。未殁丧，不称君，示民不争也。”盖古人居丧，一切不事事，故嗣君亦然也。君而可以三年不事事，可见是时君位所系，未若后世之重。君位而可以他人摄代三年，可见是时君臣相去之不甚远矣。

古代政体之奇异者，莫如共和。《史记·周本纪》云：“厉王暴虐侈傲，国人谤王。王怒。得卫巫，使监谤者。以告则杀之。国人莫敢言，道路以目。乃相与畔，袭王。王奔于彘。太子静，匿召公家。国人围之。召公曰：昔吾骤谏王，王不从，以及此难也。今杀王太子，王其以我为仇而怼怨乎？乃以其子代王太子。太子竟得脱。召公、周公二相行政，号曰共和。共和十四年，厉王死于彘。太子静长于召公家。二相乃共立之。是为宣王。”是周之无君者，十有四年也。案国本非君所独治，特后世君权重；人臣之位，皆受之于君，无君，则臣莫能自安其位。又视君位严；君之职，莫敢轻于摄代，故不可一日无君。若古代，则君臣共治其国之义尚明，臣之位亦多有所受之，非人君所能任意予夺。君权既小，则一国之政，必待人君措置者较少。人臣摄代其君，亦视为当然，而其顾虑，不如后世之甚，则无君自属无妨。《左》襄十四年，卫献公出奔，“卫人立公孙剽，孙林父、甯殖相之，以听命于诸侯。此虽立君，实权皆在二相，亦犹周召之共和行政也。然究犹立一公孙剽。若鲁昭公之出奔，则鲁亦并不立君也。然则此等事，古代必尚不乏，特书阙有闲，不尽传于后耳。”❶韦昭释共和曰：“公卿相与和而修政

❶ 晋惠公之为秦所禽也，“使郄缺告瑕吕饴甥，且召之，子金教之言曰：朝国人，而以君命赏。且告之曰：孤虽归，辱社稷矣，其卜贰圉也。众皆哭。吕甥曰：君亡之不恤，而群臣是忧，惠之至也。将若君何？众曰：何为而可？对曰：征缮以辅孺子。诸侯闻之，丧君有君。群臣辑睦，甲兵益多。好我者劝，恶我者惧。庶有益乎？”可见丧君无君者，当时亦不乏也。

事。”可见无君而不乱，实由百官之克举其职也。[1]

后世革命之人有六：曰宗室，[2]曰外戚，[3]曰权臣，[4]曰军人，[5]曰女主。[6]此皆旧朝之戚属，或其所委任，仍带旧性质。惟起于草野之群盗，乃可称真革命耳。其以异族入主中国者，则性质又异，不能以革命论矣。

---

[1] 《汲冢纪年》及《鲁连子》，以共和为共伯和行天子之事其说不足信，已见《史记正义》。案《左》昭二十六年，王子朝告诸侯之辞曰：“至于厉王，王心厉虐。万民弗忍，居王于彘。诸侯释位，以闲王政。宣王有志，而后效官。”《纪年》及《鲁连子》，盖因此伪造。其实所谓诸侯释位者，诸侯即指周、召等言。近人或曰：中国历代，有暴民革命，无市民革命，有之者惟共和一役耳。案此役逐厉王者为国人。古代所谓国人，实国之桢干，而与野人异其阶级者也。参看松撰《阶级小史》自明。

[2] 若齐明帝、明成祖。

[3] 若王莽、隋文帝。

[4] 若魏、晋、刘宋。

[5] 若梁太祖、宋太祖。

[6] 唐武后。汉吕后仅临朝称制。

历代之革命，有自外而入者，有即行之于内者。行之于内者，又可分为二：（一）本系在内之权臣，如王莽是；（二）则在外之强臣或军人，入据中央政府，如曹操、刘裕是。大抵内重之世，革易多在中朝；外重或内外俱轻之世，则或起于外而倾覆旧政府，或先入据旧政府，造成□[1]重之局，而后行革易之事焉。以王步虽改，朝市不惊论，则起于内者为优。然以除旧布新论，则起于外者，为力较大也。

秦以后之革命，大率如此。然秦汉之际之革易，外观虽同，而其实大异。此役也，实政体转变之关键，不

[1] 原字阙。——编者注

容与其余诸役，等量齐观也，何也？自周以前之革命，皆以诸侯灭天子。此役则亡秦者皆起于草野，无尺土一民，一也。当时纷纷而起者，六国之后；若六国将相之后，皆无成功。卒登帝位者，乃一贫贱无行之刘季。其将相，亦多贫贱无赖之徒，二也。故此役，实开平民革命之局。自此以后，遂人人可登帝位矣。参看《阶级小史》自明。

贵族之权力，及神教限制君权之力，经汉世乃划削净尽。故秦汉之世，实古今转变之大关键也。汉初，内任外戚，外任宗室，前篇已言之。汉世之任宗室外戚，与后世不同。后世委任宗支，徒成虚语。汉世则诚有“广疆庶孽，以镇抚四海，藩卫天子”

之意。当时所封同姓，“跨郡五六，连城数十”。尾大不掉之势，显然易见。然初不以为虑者，以封建同姓，为当然之道也。汉初即有吕氏之祸，而元帝以后，任用外戚如故。前汉亡于王莽，而后汉之世，任用外戚如故。不特此也。哀帝去王氏，所以代之者，则外家丁氏及祖母族傅氏也。后汉外戚，殆无善终者。然一外戚去，一外戚复继之。此何故哉？亦以任用外戚，为当然之道也。凡一种制度，未至废弃时，虽或不善，人恒以为行此制者之不善，而不以为此制度之不善。即明知制度不善，亦必以为无可知何之事：既不容废，又无可以代之者。如君主专制之世，去一君必更立一君是也。陈平谓“项王所任爱，非诸项，即妻之昆弟”。知项氏苟得天下，其封建子弟，任用外戚，亦必无以异于刘氏矣。此固非一二人之所为，而其时代思想为之也。自魏晋以后，则情势大异矣。

赵氏翼曰：上古之时，人之视天甚近。迨人事繁兴，情伪日起，遂与天日远一日。以六经论：《易》最先出，所言皆天道。《尚书》次之。《洪范》一篇，备言五福六极之征。其他诏诰，亦无不以惠迪，从逆为吉凶。至《诗》《礼》《乐》盛于商周，则已多详人事，而天人相应之理略焉。如正月繁霜诸作，不一二见也。惟《春秋》记人事，兼记天变，盖犹是三代以来记载之古法，非孔子所创也。战国纷争，诈力相尚。至于暴秦，天理几于灭绝。汉兴，董仲舒治

《公羊春秋》，始推阴阳，为儒者宗。宣元之后，刘向治《穀梁》，数其祸福，傅以《洪范》；而后天之与人，又渐觉亲切。观《五行志》所载天象，每一变必验一事，推既往以占将来。虽其中不免附会，然亦非尽空言也。昌邑王为帝，无道，数出微行。夏侯胜谏曰：久阴不雨，臣下有谋上者。时霍光方与张安世谋废立，疑安世漏言。安世实未言。乃召问胜。胜对："《洪范·五行传》云：皇之不极，厥罚常阴，时则有下人谋上者。"光、安世大惊。宣帝将祠昭帝庙，旄头剑落泥中，刃向乘舆。帝令梁丘贺筮之，云有兵谋，不吉。上乃还。果有任宣子章匿庙间，欲俟上至为逆。事发，伏诛。京房以《易》六十四卦，更直日用事，以风雨寒温为候，各有占验。每先上疏言其将然，近者或数月，远或一岁，无不屡中。翼奉以成帝独亲异姓之臣，为阴气太盛；极阴生阳，恐反有火灾。未几，孝武园白鹤馆火。是汉儒之言天者，实有验于人。❶故诸上疏者，皆言之深切着明，无复忌讳。而其时人君，亦多遇灾而惧。如成帝以灾异，用翟方进言，遂出宠臣张放于外；赐萧望之爵，登用周堪为谏大夫；又因何武言，擢用辛庆忌。哀帝亦因灾异，用鲍宣言，召用彭宣、孔光、何武，而罢孙宠、息夫躬等。其视天，犹有影响相应之理，故应之以实不以文。降及后世，机智竞兴，权术是尚。一若

❶ 愚案，此非其言果有征验，正由当时迷信者多，故神其说耳。故观何时诡异之说，征验之多，便可知其时迷信之盛。左氏一书，载灾祥占验之说最多，亦同此理。

天下事，皆可以人力致而天无权。即有志图治者，亦徒详其法制禁令，为人事之防，而无复求端于天之意。故自汉以后，无复援灾异以规时政者。间或日食求言，亦只奉行故事。而人情意见，但觉天自天，人自人，空虚寥廓，与人无涉，云云。❶ 愚案吾国迷信之衰，实缘魏晋时玄学盛行而然。而魏晋玄学之兴，又根于东汉古学之盛。盖今学多传微言大义，古学偏重名物训诂。重名物训诂者，偏于考据，注重实事，迷信自然渐衰也。故东西汉之间，实古今风气之一大转捩也。风气变而制度随之矣。

借神教以惑人者，历代未尝无

❶《廿二史札记》卷二“汉儒言灾异”。又“汉重日食”“汉诏多惧词”两条，可以参看。

之，然无一能成事者。如汉之张角、张鲁，晋之孙恩，近代之白莲教、天理教等是也。洪秀全若但言逐满复汉，未始不足号召，乃必模放天主教，则适足以自亡矣。盖吾国之民，信教之心素淡，故借资神教，仅足扇惑最愚之民。不必智者，凡普通人即皆不之信。其所能鼓动者，在一国中实居最少数也。

神教之权既破，稍足限制君权者，乃在社会惯习、人伦日用之间，即国民共视为当行之道者是也。日本织田万曰："崇古之风，为中国民族之特质。遗训旧制，改废尤难。苟或反之，即为大戾。历朝革命，非革古法、旧习，乃栽❶制破坏古法、旧习者耳。”❷ 其言亦殊有理。盖一国之民，不能无所信守。他国之民，所视为应守之道者，出于神教所启牖。而吾国之民，所视为应守之道者，出于古训之昭垂。其所守异，而其有所守则同。守之固，则皆足以禁人之破坏耳。

汉代君权，尚有受限制者一事，相权之重是也。亦至东京渐变，至魏晋之世而大坏。此事须参考官制乃能明之。

魏晋而后，君主之权力大张。古训及社会惯习而外，几无足以限制之

❶ “栽”，当为“裁”。——编者注

❷《清国行政法》第一编第一章。

者。而盗窃其权者，则历代皆有，权奸、宵小、女谒、宦寺是也。此乃依附君主而行，非法赋之权，足与君主相抗也，于政体无关系。

所谓民主政体者，谓凡事不容决之以一人，并不容决之以少数人，而必决之以多数人耳。[1] 此则议事之初，本系如此。虽甚桀骜，能令众人服从其议者有之矣；使众人慑其威而不敢言，止矣。谓公共之事，众人本不当与，惟一人或少数人尸之，此非积渐，必不能致也。故民主政体者，乃政之初制也。吾国所以无之者，则以地势便于统一，世愈降国土愈广，集众而议，势所不行。贵族专制，则较

[1] 其所谓多数，以全国言之；实非多数，又是一事。

君主专制尤恶，故君主削贵族之权，人民实阴相之。遂至举一国之权，而奉诸一人耳。

民主政体，于古有征乎？曰：有。《坊记》引《诗》曰：“先民有言，询于刍荛。”《郑注》曰：“先民，谓上古之君也。言古之人君，将有政教，必谋之于庶民乃施之。”案《繁露》有六十四民，为上古无名号之君。《书·甫刑》：“苗民弗用灵。”郑注亦以为“有苗之君”。[1] 则此先民释为人君，义自可通。此最古之世，人民之得以参与政事者也。然仅言其事，未详其制也。详其制者，莫如《周官》。《周官》小司寇之职：“掌

[1] 《礼记·缁衣》正义。

外朝之政，以致万民而询焉。一曰询国危，二曰询国迁，三曰询立君。其位：王南向；三公及州长百姓，北面；群臣，❶西面；群吏，❷东面。小司寇摈以叙进而问焉。以众辅志而弊谋。”《周官》虽虚拟之书，亦必有所依据。试征之他书，《左氏》定公八年：“卫侯欲叛晋，朝国人，使王孙贾问焉。”哀公元年：“吴之入禁也，使召陈怀公。怀公朝国人而问焉。”则《周官》所谓询国危者也。《书·盘庚上》：“王命众悉造于庭”，《孟子》谓大王之迁岐也，“属其耆老而告之”。则《周官》所谓询国迁者也。《书·尧典》：“师锡帝曰：有鳏在下曰虞舜。”《左》僖十五年：“晋侯使

❶ 卿大夫。
❷ 府史。

郄缺告瑕吕饴甥，且召之。子金教之言曰：朝国人，而以君命赏。且告之曰：孤虽归，辱社稷矣，其卜贰圉也。”昭二十四年：“晋侯使士景伯莅问周政，士伯立于乾❶祭，而问于介❷众。”哀二十六年：“越人纳卫侯，文子致众而问焉。”则《周官》所谓询立君者也。知古确有是事矣。乡大夫之职，“大询于众庶，则各帅其乡之众寡而致于朝”。注：“郑司农云：大询于众庶，《洪范》所谓谋及庶民。”则斯制由来甚远。《洪范》所谓谋及卿士、谋及庶人、谋及卜筮者，亦必实有其法，而非虚语矣。

其议事之法，亦有可见者。陈怀

❶ 王城北门。
❷ 介，大也。

公之朝国人也，曰："欲与楚者左，欲与吴者右。"《韩非子·外储说》："齐桓公将立管仲，令群臣曰：寡人将立管仲为仲父，善者入门而左，不善者入门而右。"此犹今之议院，可否者各自一门出也。《洪范》："七稽疑，乃建立卜筮人。三人占，则从二人之言。汝则有大疑，谋及乃心，谋及卿士，谋及庶人，谋及卜筮。汝则从，龟从，筮从，卿士从，庶民从，是之谓大同。身其康强，子孙其逢，吉。汝则从，龟后，筮从，卿士逆，庶民逆，吉。卿士从，龟从，筮从，汝则逆，庶民逆，吉。庶民从，龟从，筮从，汝则逆，卿士逆，吉。汝则从，龟从，筮逆，卿士逆，庶民逆，作内吉，作外凶。龟筮共违于人，用静吉，用作凶。"《公羊》桓公二年，蔡侯、郑伯会于邓。离不言会，此其言会何？盖邓与会尔。注：“二国会曰离。二人议，各是其所是，非其所非。所道不同，不能决事，定是非，立善恶。不足采取，故谓之离会。时因邓都，得与邓会。自三国以上言会者，重其少从多也。能决事，定是非，立善恶。《尚书》曰：三人议，则从二人之言。盖取诸此。”又僖公三十一年：“夏，四月，四卜郊，不从，乃免牲。犹二望。曷为或言三卜，或言四卜？三卜礼也，四卜非礼也。三卜何以礼？四卜何以非礼？曰：求吉之道三。”注：“三卜，吉凶必有相奇者，可以决疑，故求吉必三卜。”此皆多数议决之法也。

《韩非子·内储说》：“鲁哀公问

于孔子曰：‘鄙谚曰，莫众而迷。今寡人举事，与群臣虑之，而国愈乱，其故何也？’孔子对曰：‘明主之问臣，一人知之，一人不知也。如是者，明主在上，群臣直议于下。今群臣无不一辞同轨乎季孙者。举鲁国尽化为一，君虽问境内之人，犹不免于乱也。’”一曰：“晏婴子聘鲁，哀公问曰：‘语曰，莫三人而迷。今寡人与一国虑之，鲁不免于乱，何也？’晏子曰：‘古之所谓莫三人而迷者，一人失之，二人得之，三人足以为众矣。故曰莫三人而迷。今鲁国之群臣，以千百数，一言于季氏之私。人数非不众，所言者一人也。安得三哉？’”又曰：“张仪欲以秦韩与魏之势伐齐荆，而惠施欲以齐荆偃兵。二人争之。群臣左右，皆为张子言，而以攻齐荆为利，而莫为惠子言。王果听张子，而以惠子言为不可，攻齐荆事已定。惠子入见。王曰：先生毋言矣，攻齐荆之事果利矣，一国尽以为然。惠子因说：不可不察也。夫齐荆之事也诚利，一国尽以为利，是何智者之众也？攻齐荆之事诚不利，一国尽以为利，何愚者之众也？凡谋者，疑也。疑也者，诚疑，以为可者半，以为不可者半。今一国尽以为可，是王亡半也。劫主者，固亡其半者也。”案今人恒言，多数不免于愚。其实非愚之为患，而不能公之为患。苟人人本其大公至正之心以议事，未有合多数而成众愚者也。何则？愚人而宅心公正，则经智者之譬晓，必能舍己而从之矣；经智者之譬晓而犹不悟，此为下愚之不移。下愚与上智，在群中同居少数，必不至如其意以决议也。然则民主政体之难行，实非识不足之为患。而道德不足之为患，风气诚朴之世，率有众断之遗迹存焉。诚朴愈漓，则专制之威愈甚。其故可深长思矣。[1]

古代采取舆论之事甚多，但用否之权，仍操诸上，不如议会之有定法耳。《管子·桓公问》：“齐桓公问管子曰：吾念有而勿失，得而勿忘，为

---

[1] 《左》成六年：“晋栾书救郑，与楚师遇于绕角。楚师还。晋师遂侵蔡。楚公子申、公子成以申息之师救蔡。御诸桑隧。赵同、赵括欲战，请于武子。武子将许之。知庄子、范文子、韩献子谏，乃还。于是军师之欲战者众。或谓栾武子曰：圣人与众同欲，是以济事。子盍从众？子为大政，将酌于民者也。子之佐十一人，其不欲战者，三人而已。欲战者，可谓众矣。《商书》曰：三人占，从二人，众故也。武子曰：善钧从众。夫善，众之主也。三卿为主，可谓众矣。从之，不亦可乎？”此别是一理。虽未必非，然实失从众之意矣。

之有道乎？对曰：勿创勿作，时至而随。毋以私好恶害公正。察民所恶，以自为戒。黄帝立明台之议者，上观于贤也。尧有衢室之问者，下听于人也。舜有告善之旌，而主不蔽也。禹立谏鼓于朝，而备讯唉[1]。汤有总街之庭，以观人诽也。武王有灵台之复，而贤者进也。此古圣帝明王，所以有而勿失，得而勿忘者也。桓公曰：吾欲效而为之，其名云何？对曰：名曰啧室之议。曰：法简而易行，刑审而不犯，事约而易从，求寡而易足。人有非上之所过，谓之正士，内于啧室之议；有司执事者，咸以厥事奉职而不忘为，此啧室之事也。请以东郭牙为之。此人能以正事

❶ “唉”，疑为“矣”之误。——编者注

争于君前者也。桓公曰：善。”此似纳谏进贤等事，皆该括焉。《左襄》三十年：“郑人游于乡校，以论执政。然明谓子产曰：毁乡校何如？子产曰：何为？夫人朝夕退而游焉，以议执政之善否。其所善者，吾则行之；其所恶者，吾则改之。是吾师也。若之何毁之？”此则察众论之从违，以定政令之行止者也。[1]

立君为民，而国非君主一人所私有，此理本古人所深知。《吕览》曰：“凡人之性，爪牙不足以自守卫，肌肤不足以扞寒暑，筋骨不足以从利辟害，勇敢不足以却猛禁悍，然且犹裁

[1] 《孟子》曰：“国人皆曰可杀，然后察之。见可杀焉，然后杀之。”《王制》曰：“疑狱，氾与众共之。众疑，赦之。”则古时刑狱，亦有采取舆论之法，但未知其法如何耳。

万物，制禽兽，寒暑燥湿弗能害，不惟先有其备而以群聚邪？群之可聚也，相与利之也。利之出于群也，君道立也。自上世以来，天下亡国多矣。而君道不废者，天下之利也。四方之无君者，其民少者使长，长者畏壮，有力者贤，暴傲者尊。日夜相残，无时休息，以尽其类。圣人深见此患也，故为天下长虑，莫如置天子也；为一国长虑，莫如置君也。置君，非以阿君也；置天子，非以阿天子也；置官长，非所以阿官长也。德衰世乱，然后天子利天下，国君利国，官长利官。此国所以递兴递废也，乱难所以时作也。”[1] 此等议论，

---

[1]《恃君览》。

古书中不可胜举。[1] 如是，其视诛锄暴君，自为当然之事。其言之尤痛快者，莫如《淮南子》。《淮南子》曰："圣人之用兵也，若栉发耨苗，所去者少，而所利者多。杀无罪之民，而养无义之君，害莫大焉。殚天下之财，而澹一人之欲，祸莫深焉。使夏桀、殷纣，有害于民，而立被其患，不至于为炮烙。晋厉、宋康，行一不义，而身死国亡，不至于侵夺为暴。此四君者，皆有小过而莫之讨也，故至于攘天下，害百姓；肆一人之邪，而长海内之祸。此大伦之所不取也。所为立君者，以禁暴讨乱也。今乘万民之力，而反为残贼，是为虎传[2]翼，

---

❶ 如《管子·君臣》《商君书·修权》，议论皆与此篇相出入。

❷ "传"，疑为"傅"之误。——编者注

曷为弗除？夫畜池鱼者必去猵獭，养禽兽者必去豺狼，又况治人乎？”[1] 其言之可谓深切著明矣。古之贤君，亦颇有能知此义者。《左》文十三年：“邾文公卜迁于绎。史曰：利于民而不利于君。邾子曰：苟利于民，孤之利也。天生民而树之君，以利之也。民既利矣，孤必与焉。左右曰：命可长也，君何弗为？邾子曰：命在养民。死之短长，时也。民苟利矣，迁也，吉莫如之。遂迁于绎。”《说苑·至公篇》载南宫边子之言曰：“昔周成王之卜居成周也，其命龟曰：予一人兼有天下，辟就百姓，敢无中土乎？使予有罪，则四方伐之，无难得也。周公卜居曲阜，其命龟曰：作邑

---

[1] 《兵略训》。

乎山之阳，贤则茂昌，不贤则速亡。季孙行父之戒其子也，曰：吾欲室之挟于两社之间也。使吾后世有不能事上者，其替益速。”此等，疑古者或将指为后人所傅会。然尝[1]时既有此理，固不容谓为君长者必不之知也。[2]

国非君主所私有，秦汉之际，其义尚明。《至公篇》又曰：“秦始皇帝既吞天下，乃召群臣而议曰：古者五帝禅贤，三王世继，孰是？将为之，博士七十人未对。鲍白令之对曰：天下官则让贤是也，天下家则世继是也。故五帝以天下为官，三王以天下为家。秦始皇帝仰天而叹曰：吾德出

[1] “尝”，疑为“当”。——编者注

[2] 儒家发挥民贵君轻之义最力者为孟子。其说，皆孔门成说也。见附录。

于五帝，吾将官天下。谁可使代我后者。鲍白令之对曰：陛下行桀纣之道，欲为五帝之禅，非陛下所能行也。秦始皇帝大怒曰：令之前，若何以言我行桀纣之道也；趣说之，不解则死。令之对曰：臣请说之。陛下桀台干云，宫殿五里。建千石之钟，万石之虡。妇女连百，倡优累千。兴作骊山，宫室至雍，相继不绝。所以自奉者，殚天下，竭民力。偏驳自私，不能以及人。陛下所谓自营仅存之主也，何暇比德五帝，欲官天下哉？始皇暗然[1]，无以应之，面有惭色。久之曰：令之之言，乃令众丑我。遂罢谋，无禅意也。”此或后人之寓言。然眭孟推《春秋》之意，谓：“汉帝

[1] “暗然”，今作“黯然”。——编者注

宜谁差天下，求索贤人，禶以帝位，而退自封百里。”盖宽饶引《韩氏易传》言：“五帝官天下，三王家天下。家以传子，官以传贤。若四时之运，功成者去。不得其人，则不居其位。”❶ 则事实矣。汉高祖灭项羽，诸侯及将相，共请尊为皇帝。高祖曰：“吾闻帝，贤者有也。空言虚语，非所守也。吾不敢当帝位。”❷ 文帝元年，有司请立太子。“上曰：朕既不德，上帝神明未歆享；天下人民，未有嗛志。今纵不能博求天下贤圣有德之人，而禅天下焉，而曰：豫建太子。是重吾不德也，谓天下何？”❸ 此等诏令，后世绝不闻矣。亦足觇社会

❶ 俱见《汉书》本传。

❷ 此言甚质，乃诚高祖之言，非后世文饰之辞比也。

❸ 皆见《史记》本纪。

思想之变迁也。

立君为民之义，其亡于东西汉之际乎？眭孟之说，出自《春秋》，宽饶有言，征之《易传》。足征今学昌明之世，立君为民之义，为儒生所共知，非世主所能讳。迨王莽[1]谋篡，乃伪造图谶，傅以经说，名之曰纬。如图谶之说，则一姓之兴，皆由天命，征以祯祥。传世久远，亦皆前定，由于历数，无复“天视自我民视，天听自我民听”“惟命不于常，道善则得之，不善则失之”之意。自此以后，居帝位者，遂侈然自以为当然矣。岂非思想之一大转变乎？

[1] “莽”，今作“莽”。后同。——编者注

无政府之说，中国无之。《老子》谓："大道废，有仁义。慧智出，有大伪。""绝圣弃智，民利百倍。绝仁弃义，民复孝慈。绝巧弃利，盗贼无有。"《庄子》谓："民有常性。至德之世，其行填填，其视颠颠。同乎无知，其德不离。同乎无欲，是谓素朴。素朴而民性得矣。及至圣人，蹩躠为仁，踶跂为义，而天下始疑矣。澶漫为乐，摘僻为礼，而天下始分矣。纯朴不残，孰为牺尊？白玉不毁，孰为珪璋？道德不废，安取仁义？性情不离，安用礼乐？夫残朴以为器，工匠之罪也。毁道德以为仁义，圣人之过也。"似有有政府不如无政府之意。然此仍是"天下皆知美之为美，斯恶矣；皆知善之为善，斯不善矣"之旨，欲使治天下者，谨守无为之教，还风俗于纯朴。非谓既有政治，可一旦撤去之，而还于无政治也。有政治而复还于无政治，姑无论其可不可，试先问其能不能。老庄即愚人，岂至于是？故以老庄之说，附会今之无政府之说者，缪也。至以许行之言，附会今之无政府，则其说尤缪。陈相谓：“从许子之道，则市贾不贰，国中无伪。虽使五尺之童适市，莫之或欺。布帛长短同，则贾相若。麻缕丝絮轻重同，则贾相若。五谷多寡同，则贾相若。屦大小同，则贾相若。”❶ 苟无政府，试问谁为厘定其贾，责其遵守乎？彼谓“贤者与民并耕而食，饔飧而治”，乃谓不剥民以自奉，非谓无君也。不然，又安有所谓贤者，以别于所与并耕之民乎？许行之说，盖古农家之言。其所欲取

❶《孟子·滕文公上》。

法者，乃极简陋之世。虽简陋，仍有政府，初非今克鲁泡特金等之说也。后世诵法老庄，以为有君不如无君者，为晋之鲍敬言。其说，见于《抱朴子》之《诘鲍篇》。殊粗浅不足观，然亦谓后世有君之时，不如上古无君之世；非谓既有君，仍可去之也。❶

❶ 鲍氏说虽粗浅，葛洪诘鲍之言，却颇有理致。其言曰："远古质朴，盖其未变。譬夫婴孩，智慧未萌。非为知而不为，欲而忍之。"又曰："若令上世，人如木石；玄冰结而不寒，餟粮绝而不饥，可也。衣食之情，苟在其心，则所争岂必金玉？所竞岂必荣位？橡芋可以生斗讼，藜藿足用致侵夺矣。夫有欲之性，萌于受气之初。厚己之情，着于成形之日。残杀并兼，起于自然。必也不乱，其理何居？"于世风之不可返，古代之未必胜于后世，言之凿凿，与今进化之说，若合符节焉。大抵进化之说，皆就一端而言。若合全体观之，则世事只有变迁，更无所谓进退。且如今日，民权之说既张，平等之义亦著。回视畴昔，则君主威权无限，社会阶级不平，谓其大不如今可也。然昔日风气，确较诚朴，今则巧诈益滋矣，则谓今不如昔亦可也。故《管子》谓："古者智者诈愚，强者陵弱。老幼孤独，不得其所，故智者假众力以禁强虐而暴人止，为民与利除害，正民之德，而民师之。"以为无君之世，不如有君可也。老庄谓"圣人不死，大盗不止；剖斗折衡，而民不争"，则有君之世，反不如无君亦可也。各就一端言之也。夫言岂一端而已，夫各有所当也。《管子》之说，见《君臣篇》。

以天下为一人所私有，盖从古未有此说。然君主之权，既莫为之限制，则其不免据天下以自私，亦势所必至也。积之久而其弊大著，乃有起而矫正之者，是为黄梨洲。《明夷待访录·原君篇》曰：“有生之初，人各自私也，人名[1]自利也，天下有公利而莫或兴之，有公害而莫或除之。有人者出，不以一己之利为利，而使天下受其利；不以一己之害为害，而使天下释其害。此其人之勤劳，必千万于天下之人。夫以千万倍之勤劳，而己又不享其利，必非天下之人情所欲居也。故古之人君，量而不欲入者，许由、务光是也。入而又去之者，尧舜是也。初不欲入而不得去

[1] “名”，疑为“各”之误。——编者注

者，禹是也。岂古之人有所异哉？好逸恶劳，亦犹夫人之情也。后之为人君者不然，以为天下利害之权，皆出于我。我以天下之利，尽归于己，以天下之害，尽归于人，亦无不可。使天下之人，不敢自私，不敢自利；以我之大私，为天下之公。始而惭焉，久而安焉，视天下为莫大之产业，传之子孙，受享无穷。汉高帝所谓某业所就，孰与仲多者，其逐利之情，不觉溢之于辞矣。此无他。古者以天下为主，君为客；凡君之所毕世而经营者，为天下也。今也以君为主，天下为客；凡天下之无地而得安宁者，为君也。是以其未得之也，屠毒天下之肝脑，离散天下之子女，以博我一人之产业。曾不惨然曰：我固为子孙创业也。其既得之也，敲剥天下之骨髓，离散天下之子女，以奉我一人之淫乐，视为当然。曰：此我产业之花息也。然则为天下之大害者，君而已矣。向使无君，人各得自私也，人各得自利也。呜呼！岂设君之道，固如是乎？古者天下之人，爱戴其君，比之如父，拟之如天，诚不为过也。今也天下之人，怨恶其君，视之如寇仇，名之为独夫，固其所也。而小儒规规焉，以君臣之义，无所逃于天地之间；至桀纣之暴，犹谓汤武不当诛之，而妄传伯夷叔齐无稽之事；乃兆人万姓崩溃之血肉，曾不异夫腐鼠？岂天地之大，于兆人万姓之中，独私其一人一姓乎？”《原臣篇》曰：“天下之大，非一人所能治，而分治之以群工。故我之出而仕也，为天下，非为君也。为万民，非为一姓也。世之为臣者，昧于此义，以为臣，为君而设者也；君分吾以天下而后治之，君授吾以人民而后牧之。视天下人民，为人君橐中之私物。以四方之劳扰，民生之憔悴，足以危吾君也，不得不讲治之牧之之术。苟无系于社稷之存亡，则虽有诚臣，亦以为纤芥之疾也。夫治天下，犹曳大木然，前者唱邪，后者唱许。君与臣，共曳木之人也。若手不执绋，足不履地，曳木者惟娱笑于曳木者之前，从曳木者以为良，而曳木之职荒矣。后世骄君自恣，不以天下万民为事；其所求乎草野者，不过奔走服役之人。草野之应于上者，亦不出夫奔走服役。一时免于寒饿，遂感在上之知遇，不复计其礼之备与不备，跻之仆妾之间，而以为当然。又岂知臣之与君，名异而实同邪?”其言可谓深切著明矣。大抵立论恒因乎时势。民主政体，古代既无其制；贵族执政，实校一人专制为尤恶。故孔子谓：“天下有道，则礼乐征伐，自天子出。天下无道，则礼乐征伐，自诸侯出。自诸侯出，盖十世希不失矣。自大夫出，五世希不失矣。陪臣执国命，三世希不失矣。”❶墨子欲使乡长壹同乡之义，国君壹同国之义，天子壹同天下之义。❷皆欲举治理之权，奉诸一人。以其时分裂之弊方著，专制之害未形也。自秦以来，君权日张，至晚近而其弊大著矣，故有梨洲之论。皆时势使然也。

从来北族之败亡，无不以继嗣之

❶《论语·季氏》。
❷《尚同》。

争者。今不暇备述。试取前后《汉书·匈奴传》，隋、唐书《突厥传》[1]读之，可以见其略也。今但略述蒙古之事，以见君位继承之有定法，亦必累经进化而后能然。而吾国古代之或禅或继，亦可以此为借镜，而知其所以然焉。案蒙古始祖曰孛儿帖赤那，始居斡难沐涟之源。十八传至海都，始有汗号。海都而后，汗位阙者二世。至其曾孙哈不勒乃复称汗。哈不勒死，其再从兄弟俺巴孩[2]继之。蒙古与主因塔塔儿世仇。主因塔塔儿诱执俺巴孩，送之于金。金人以木驴杀之。[3] 俺巴孩使告其子合答安大石，及合不勒子忽图剌，为之报仇。于是

---

❶ 即《汉书·匈奴传》《后汉书·匈奴传》《隋唐·突厥传》《唐书·突厥传》。

❷ 亦海都曾孙。

❸ 非刑之名。

部人共议，立忽图剌为汗。《秘史》谓“是役也，会于豁儿豁纳川。既立忽图剌，遂燕于大树之下。众达达欣喜，绕树跳跃，蹋地成深沟。”盖斯时选举之仪式然也。忽图剌死，蒙古复无共主。成吉思少时，备受同族龉龁。稍长，诸部归向者渐多。始与其安答❶札答阑❷、札木合同牧。已而去之。诸部多从之者。《源流考》谓是时诸部共推成吉思为汗，盖以继忽图剌也。及漠南北平，诸部族复大会于斡难沐涟，共上成吉思汗之号。拉施特《蒙古全史》曰：“成，坚强也。吉思，多数也。犹契丹之称古儿汗。古儿汗者，众汗之汗也。”盖即所谓大汗也。至此，则推戴成吉思者，非

❶ 蒙古语，译言交物之友。
❷ 部名，亦氏族名。

徒蒙古人，而成吉思亦非但蒙古人之汗矣。[1] 蒙古自宪宗以前，汗位继承，必由宗王、驸马、万户、千户等会集推戴，谓之忽烈而台。[2] 盖其本部族之汗，及诸部族之大汗，皆本无世袭之法也。此等立君，虽曰公推，初无定法。孰可与会，既无法律定之。孰可见推，自亦并无限制。惟就事势言之，则所推者，总不越成吉思汗之子孙耳。斯时虽无世继之法，而旧可汗之遗言，于新可汗之见推，甚有关系。观俺巴孩遗命合答安大石及忽图刺为之报仇，而蒙人立汗，遂必于二人中择其一可知。成吉思四子[3]：长

[1] 《源流考》巴图蒙克七岁称达颜汗，四十一岁又即汗位，盖亦始为蒙古汗，继为众部族之汗也。达颜即大元异译，足征达颜汗之称，乃继承蒙古本族之统绪。

[2] 译言大会。

[3] 嫡子。

曰术赤，次曰窝阔台，次曰察合台，次曰拖雷。蒙古之俗，财产传诸幼子。幼子谓之斡赤斤，译言守竈。然此只是承受产业，与汗位继承，了无干涉。盖一为家事，一为国事也。爵位等之承袭，仍以长子为多。于此可悟古者兄弟相及之理。盖国固利有长君，而年长者任事较久，威望亦易孚于众也。成吉思汗之妻日孛儿帖，❶尝为蔑儿乞所篡。成吉思结札木合等，复篡之归。归未久而生术赤。诸弟皆以为蔑儿乞种，不敬之。术赤从成吉思西征，遂留西北不归。实蒙古之泰伯也。成吉思之死也，遗言立窝阔台。忽烈而台无异议。是为太宗。太宗死，忽力❷而台立其子定宗。定

❶ 翁吉剌氏。

❷ “力”，当为“烈”。——编者注

宗病不事事，三年而殂。其子忽察、太宗孙失烈门、拖雷子蒙哥，皆觊觎汗位。然太宗后人，多不惬众望。成吉思之分部兵于四子也，拖雷以斡赤斤故，所得独多。功臣宿将，多隶麾下。拖雷之死，诸子皆幼。其妻唆鲁禾帖尼，实主政事。唆鲁禾帖尼有才略，部下皆归心焉。宗王最有威望者，为术赤子拔都。唆鲁禾帖尼深结之。故拔都亦欲立蒙哥。定宗死之明年，拔都召开忽烈而台于阿勒台忽剌兀。[1] 诸王以会议非地，多不至。明年，复会于容鲁沐涟。[2] 唆鲁禾帖尼主议，太宗及察合台后人无至者。拔都唱议立蒙哥。是为宪宗，太宗后人谋叛，欲立失烈门。宪宗杀其党七十

---

❶ 地在今新疆省精河县南。

❷ 今克鲁伦河。

人。并杀定宗可敦，及其用事大臣。谪失烈门为探马赤。世祖之侵宋也，请于宪宗，令随军立功以自赎。及宪宗自将南伐，仍命投诸水，杀之。宪宗又裂太宗分地，以封其后人，贾生所谓众建诸侯而少其力也。太宗旧部，皆易其将，所以夺其兵柄也。论者讥其失成吉思固本睦族之训焉。宪宗既立，使其弟忽必烈治漠南，阿里不哥治漠北。宪宗伐宋，死于合州。忽必烈方围鄂州，遽与宋和，北归。至开平，自立。是为世祖。始不待忽烈而台之推戴矣。阿里不哥亦自立于和林。与世祖战，败绩，乃降。而太宗之孙海都，乘机自立。蒙古诸宗王多附之。至其子察八儿，乃来降。自海都之叛，蒙古大汗之号令，不复行于分封诸国。旷古未有之版图，遂自此解体矣。综观蒙古之立君，其始也，必有足以统摄全族者，而后举之，无其人则阙。其举之也，上遵先君之遗命，下待舆情之允洽。选者无偏党，无私曲，亦不闻植党违道以求立者。诚可为选君之模范。盖部族小则汗位不尊，其利不足争，而是非利害易见，其众亦不易诳也。迨成吉思东征西讨，所慑服者众，进而为诸部族之大汗，则其情势非复如此，而其事亦无以善其后矣。于此可悟选君民主之法，皆易行于小国寡民。至于广土众民之世，则不然也，吾国之由官天下易为家天下，得毋其理亦如此邪？

中国一君专制政体，实事势所造成，前已言之。盖在古昔，强陵弱、众暴寡之焰方张，而一人专制之弊未著。故人民宁戴一最强者，以图息肩也。逮乎后世，君主专制之治，业已情见势绌，言政治者，宜其恶君主而欲去之矣。然凡事习之久则不觉其非。古代君权未盛之世，其事迹既多湮晦，又无他国之事，以资观感，则思虑有所不及。即有一二人偶得之，亦迫于势而不敢言。此数千年来，君主专制政体，所以安若泰山也。逮乎明清之交，阉宦横于上，流贼乱于下，生民之道既绝。清人乘之入主，则吾国之见弱于外族者，既已四次，[1]而全国为所征服者且再焉。[2]论者穷极根原，乃觉一君专制之害之大，而

---

[1] 辽，金，元，清。

[2] 此受民族不平等观点影响，未能对少数民族建立的局部或全国范围的统治做出公允评价。——编者注

梨洲原君之论出焉，尚未为多数人所注意也。适会西人东来，五口通商而后，无一事不蓄缩受侮。我国人始觉时局之大异于昔。今所谓外夷者，非复古之外夷，乃渐次加以考察。剥蕉抽茧，愈考察而愈近乎其真。而中日战后，时势之亟，又迫我不得不图改变。于是新机风发泉涌，改革之势，如县[1]崖转石，愈进愈激。图穷而七首[2]见，而君主政体动摇矣。[3]

---

❶ “县”，通“悬”。——编者注

❷ “七首”，当为“匕首”。——编者注

❸ 或曰：梨洲与宋儒，同讲理学。明末固有阉宦之祸，流贼之乱，然唐宦官亦不可谓不专横；藩镇之割据，其害亦未必减于流贼之肆扰也。辽金虽未入主中国，然夷狄之祸至此，亦前古所无矣。梨洲能发原君之论，宋儒顾大昌尊王之义者何？应之曰：宋儒之所唱者，为尊王攘夷。攘夷，梨洲与宋儒之所同欲也。特宋儒谓必尊王乃可攘夷；梨洲则谓必明乎天下非一人所私有之义，乃可以攘夷。其所以攘夷者不同耳。盖宋儒鉴于晚唐五代藩镇之祸，患纪纲之不立，故主尊王。梨洲鉴于明事之败坏，半由君主之昏庸，深知私天下于一人之弊，故有原君之论耳。

中国之大改革，始于光绪戊戌之变法。是时所欲效者，则日之睦仁、俄之彼得而已，未尝拟议及于政体也。政变而后，康有为设保皇党于海外。斯时所谓新者徒，所跂望者，则德宗亲政，复行新法而已。犹未及于政体也。庚子以后，人民乃知清室之不足有为。是时留学者日多，知外事稍浃。孙文唱道多年之革命，附和者乃渐多。梁启超初亦主革命，后与其师康有为论辩，折而从之，遂主君主立宪。于是革命、立宪，两派对峙。章炳麟所主《民报》，梁启超所主《新民丛报》，为之魁。两派议论虽不同，其主改政体则一也。斯时在国内，主张立宪者，可以明目张胆；图谋革命者，则不然。立宪派之势力，自较革命派为盛。日俄战后，时局益急。主立宪者，又谓日以立宪而胜，俄以专制而败。议论风靡全国，内外大臣，亦有主之者。于是有派载泽等出洋考察宪政之举。还奏，皆主立宪。疆臣又多奏请者。乃于光绪三十二年，下诏豫备立宪，从改革官制入手。三十四年，八月，定豫备之期限为九年。溥仪立，人民请速开国会，又改其期为五年。中国民主之义，本甚昌大，特为事势所遏，郁而未发。是时遭际时会，浡焉以兴。清室即真能立宪，亦未足厌人民之望。况其所谓立宪者，豪[1]无真诚；而内外官吏，借筹备立宪为名，多所兴作，扰民愈甚。主立宪者难之曰："所以欲立宪者，以政治不善也。今将一切新政，

[1] "豪"，当为"毫"。——编者注

悉行举办，名之曰筹备立宪。则筹备告竣时，政治既已举矣，尚何以立宪为？既知专制之不如立宪，又不肯先立宪而后举办庶政，其意果何居乎？”主立宪者之论如此，主革命者可知。清室之所为，终不足以平民气而图自保也，审矣。而是时，满汉交恶之势又渐炽。于是事势益急。辛亥，八月，义师起于武昌。薄海响应，捷于桴鼓。而清社以屋，而民国以成。

民国成立，可为创数千年未有之局。然异族君主之遗孽，迄今仍未克进除。❶我国民不可不深念也。初清室之退位也，民国与订《优待条件》。其中第一款，许其仍存尊号，民国以

❶ 作者对清朝遗君评价有欠公允，读者需注意。——编者注

外国君主之礼待之。第二款，与以岁费四百万。第三款，许其暂居宫禁，日后移居颐和园。第四款，许其奉祀宗庙陵寝，民国为之保护。第五款，民国许代完德宗崇陵工程。第六款，宫内执事人员，许其留用。唯以后不得再招阉人。第七款，民国许保护清室私产。于清皇族，亦许仍其世爵，公私权同于民国国民，而不服兵役，且保护其私产。于旗民，许为代筹生计。未筹定前，八旗兵弁俸饷，照旧发给。亦可谓仁至义尽矣。乃清室仍居宫禁，迄不迁移。违背条件之事，尤不一而足。民国六年，又有复辟之役。京师既复，民国本应加以彻究。徒以是时执政柄者，为清室旧臣，自谓不忍于故君，遂忘服官民国应尽之责任。多数议员，醉心禄利，纵横捭阛，日争政权。国民但图苟全生命财产，不复计纲纪顺逆，无能督责政府者。清帝遂仍安居故宫，一若未犯叛逆之罪。直至十三年，冯玉祥军入京师，国务院始与改订《优待条件》。废其尊号，令其出宫。然犹年给家用五十万。并一次支出二百万，开办北京贫民工厂，尽先收容旗籍贫民。清室所占公产，归诸民国政府，而私产仍为其所有。弥可谓仁之至、义之尽矣。乃清遗臣宝熙等，犹责民国不守《优待条件》。何其悖哉？今节录孙中山秘书处覆宝熙之函如下，于此事症结，最为了然。读此函，而此事之当如何措置，不待再计矣。《函》云“中山先生以为条件契约，义在共守。《优待条件》第三款，载明大清皇帝辞位以后，暂在宫禁，日后移居颐和园。又民国三年，《清皇室优待条件善后办法》第二款，载称清皇室对于政府文书，及其他履行公权私权之文书契约，通用民国纪年，不用旧历及旧时年号。第三款载称清皇帝谕告及一切赏赐，但行于宗族家庭，及其属下人等。其于官民赠给，以物品为限。所有赐谥及其他荣典，概行废止。乃清室始终未践移宫之约。于文书契约，仍沿用宣统年号。对于官吏颁给荣典赐谥等，亦复相仍弗改。是于民国元年《优待条件》、三年《优待条件善后办法》中，清室应履行各款，已悉行破弃。逮民国六年复辟之举，实犯破坏国体之大眚。《优待条件》，至此毁弃无余。清室已无再责民国政府践履《优待条件》之理。虽清室于复辟失败后，自承为张勋迫胁而成，然张勋既死，清室又予以忠武之谥。是明示国人以张勋有造于清室，复辟之举，实为清室所乐从。综斯数端，民国政府，于《优待条件》，势难继续履行。吾所以认十一月间摄政内阁修改《优待条件》。及促清室移宫之举，按之情理法律，皆无可议”云云，其后清室善后委员会，点查清宫物品，发见清室与其遗臣密谋复辟文件。函请高等检察厅起诉。高等检察厅谓事在十四年一月一日赦令以前，遂为不起诉处分。委员会复函云“本年一月一日大赦令，其主旨，系因民穷俗偷，多陷刑辟。故曹锟一案，不在赦列。其强盗匪徒杀人等案，情节较重，亦不在赦列。阴谋复辟，非普通罪犯可比。推翻国体，罪更浮于贿选。细绎此次令旨，实无赦及屡犯不悛，进行不已，复辟犯之意。为此仍请贵厅实行依法检举”云云。高等检察厅终不听。

附录：三皇五帝考

言古史者必称三皇五帝。三皇之名，不见于经；五帝，则见《大戴礼记》。然说者犹多异辞。盖尝博考之，三皇之异说有六，五帝之异说有三。《河图三五历》云：“天地初立，有天皇氏，十二头。澹泊无所施为而俗自化。木德王。岁起摄提。兄弟十二人，立各一万八千岁。地皇十一头。火德王。姓十一人。兴于熊耳、龙门等山。亦各万八千岁。人皇九头。乘云车，驾六羽，出谷口。兄弟九人，分长九州岛，各立城邑。凡一百五十世，合四万五千六百年。”[1] 此三皇之说一也。《史记·秦始皇本纪》，丞相绾等与博士议帝号曰：“古有天皇，有地皇，有泰皇，泰皇最贵”，此三皇之说二也。《尚书大传》以遂[2]人、伏羲、神农为三皇。《含文嘉》，[3]《甄耀度》，[4]《白虎通》正说，谯周《古史考》[5] 并同。[6] 此三皇之说三也。《白虎通》或说，以伏羲、神农、祝融为三皇。此三皇之说四也。《运斗枢》，[7]《元命苞》[8] 以伏羲、女娲、

---

❶ 司马贞：《补三皇本纪》。

❷ “遂”，当为“燧”。后同。——编者注

❸ 《风俗通》引。

❹ 宋均注《援神契》引之，见《曲礼》正义。

❺ 《曲礼》正义。

❻ 惟《白虎通》伏羲次遂人前。

❼ 郑注《中侯勅省图》引之，见《曲礼》正义。

❽ 《文选·东都赋注》引。

神农为三皇。此三皇之说五也。《尚书·伪孔傅序》，皇甫谧《帝王世纪》，孙氏注《世本》，以伏羲、神农、黄帝为三皇。❶ 此三皇之说六也。太史公依《世本》《大戴礼》，以黄帝、颛顼、高辛、唐尧、虞舜为五帝。谯周，应劭，宋均皆同。此五帝之说一也。❷ 郑注《中侯勅省图》，于黄帝、颛顼之间，增一少昊，谓德合五帝座星者为帝，故实六人而为五。❸ 此五帝之说二也。伪孔、皇甫谧、孙氏以少昊、颛顼、高辛、唐、虞为五帝。❹ 此五帝之说三也。案《大传》云："遂人以火纪，火太阳，故托遂皇于天。伏羲以人事纪，故记羲皇于

❶ 《史记·五帝本纪》正义。
❷ 《五帝本纪》正义。
❸ 《曲礼》正义。
❹ 《五帝本纪》正义。

人。神农悉地力，种谷蔬，故托农皇于地。天、地、人之道备，而三、五之运兴矣。”则三皇之说，义实取于天、地、人，犹五帝之义，取于五德迭代也。伏生者，秦博士之一。《始皇本纪》所谓天皇、地皇、泰皇者，盖即《大传》所谓遂皇、羲皇、农皇。[1]《河图》说虽荒怪，然其天皇、地皇、人皇之号，仍本诸此也。《白虎通》释祝融之义曰：“祝者，属也。融者，绩也。言能属续三皇之道而行之。”司马贞《补三皇本纪》曰：“女娲氏代伏羲立，无革造，惟作笙簧。故《易》不载，不承五运。一曰：女娲，木德王。盖伏羲之后，已经数世。金木轮环，周而复始。特举

---

❶《索隐》：“天皇、地皇之下，即云泰皇，当人皇也。”虽推测之辞，说自不误。

女娲，以其功高而充三皇。”无革造及同以木德王，皆与属续之义相关，未知《白虎通》意果谁主？然司马氏之言，则必有所本也。《补三皇本纪》又曰“当其末年，诸侯有共工氏，与祝融战，不胜，而怒，乃头触不周山。天柱折，地维缺。女娲乃炼五色石以补天，断鳌足以立四极”[1] 云云。上云祝融，下云女娲，则祝融、女娲一人。盖今文家本有此异说。故《白虎通》并列之，造纬侯者亦取之也。

实六人而为五，立说殊不可通。然实伪孔说之先河。《后汉书·贾逵传》：“逵奏《左氏》大义长于二传者曰：五经皆言颛顼代黄帝，而尧不

---

[1] 原注：“按其事出《淮南子》。”

得为大德。《左氏》以为少昊代黄帝，即图谶所谓帝宣也。如今尧不得为火。则汉不得为赤。”此古文家于黄帝、颛顼之间，增一少昊之由。然以六为五，于理终有未安。伪孔乃去燧人而升黄帝为三皇，则少昊虽增，五帝仍为五人矣。且与《易·系》盖取一节，始伏羲而终尧、舜者相合，此实其说之弥缝而更工者也。伪孔以《三坟》为三皇之书，《五典》为五帝之典，据《周官·外史疏》，其说实本贾、郑。增改之迹，固可微窥。然则三皇之说，义则托于天地人：其人则或为燧人、伏羲、神农，或为伏羲、神农、祝融，此经师旧说也。因天地人之名，而立为怪说者，纬候也，五帝本无异说。古文家增一少昊，伪孔遂并三皇而易其人。异说虽多，固可穷其源以治其流矣。

问曰：三皇五帝之义，及其人之为谁某，则既闻之矣。敢问旧有此说邪？抑亦儒家所创也？应之曰：三皇五帝之名，旧有之矣。以为天地人之道备，而三五之运兴之义，盖儒家所创也。《周官》：“都宗人，掌都宗祀之礼。凡都祭祀，致福于国。”注：“都或有山川及因国无主九皇，六十四民之祀。”疏：“史记伏羲以前九皇六十四民，并是上古无名号之君，绝世无后，今宜主祭之也。”按，注以因国无主之祀，释《周官》之都宗人，盖是。以九皇六十四民，说周因国无主之祭，则非也。[1] 九皇六十四民，见《春秋繁露·三代改制质文

[1] 《周官》虽战国时书，然所述必多旧制。

篇》，其说：存二王之后，以大国，与已并称三王。自此以前为五帝，录其后以小国。又其前为九皇，其后为坿庸[1]；又其前为民，所谓六十四民也。其说有三王九皇而无三皇。《周官》："外史，掌三皇五帝之书"，伏羲者，三皇之一。疏引史记，[2]云伏羲以前，明在三皇五帝之前，其说必不可合。郑盖但知《周官》都宗人所祀，与《繁露》九皇六十四民，并是绝世无名号之君，遂引彼注此。[3]疏亦未知二说之不可合，谓《史记》所云伏羲以前上古无名号之君，即郑所云九皇六十四民，遂引以疏郑也。

---

❶ "坿庸"，今作"附庸"。——编者注

❷ 史记为史籍之通称。今之《史记》，古称《太史公书》。汉东观所续，犹称史记。盖未有专名，故以通名称之也。此疏所引史记，不知何书，然必南北朝旧疏，其说必有所本也。

❸ 郑注好牵合，往往如此。

《史记·封禅书》："管仲曰：古者封泰山、禅梁父者七十二家。"又曰："孔子论述六艺，传略言易姓而王，封泰山、禅梁父者，七十余王矣。其俎豆之礼不章。"而《韩诗外传》曰："孔子升泰山，观易姓而王，可得而数者，七十余人，不得而数者万数也。"❶ 万盖以大数言之。然其数必不止七十二可知。数不止七十二，而管仲、孔子，皆以七十二言之者，盖述周制也。七十二家，盖周登封之所祀也。曰俎豆之礼不章，言周衰，不复能封禅，故其礼不可考也。《春秋》立新王之事，不纯法古制，然损益必有所因。因国无主之祭，及于远古有功德于民之人，忠厚之至也。盖孔子

❶《封禅书》正义引。今本无之。然《书序疏》及《补三皇本纪》，并有此语，乃今本夫夺，非张氏误引也。

之所因也。然不能无损益。《王制》者，孔子所损益三代之制也。[1]《王制》曰："天子诸侯，祭因国之在其地而无主后者。"此周官都宗人之所掌，盖孔子之所因也。《繁露》曰："圣王生则称天子，崩迁则存为三王，绌灭则为五帝，下至附庸，绌为九皇，下极其为民。有一谓之三代。虽绝地，庙位祝牲，犹列于郊号，宗于代宗。"绝地者，六十四民之后，封爵之所不及，故命之曰民。绝地而庙位祝牲，犹列于郊号，宗于岱宗，此盖周登封时七十二家之祭矣。周制，盖自胜朝上推八世，谓之三皇五帝，使外史氏掌其书，以备掌故。自此以往，则方策不存，徒于因国无主及登

[1] 《王制》多存诸经之传，如说巡守礼为《尧典》之传是也，皆孔门六经之义，非古制。郑以其与《周官》不合，多曲说为殷制，大非。

封之时祀之而已。其数凡七十二。合本朝为八十一。必八十一者，九九八十一；九者，数之究；八十一者，数之究之究者也。孔子则以本朝合二代为三王，又其上为五帝，又其上为九皇，又其上为六十四民。必以本朝合二代为三王者，所以明通三统之义也。上之为五帝，所以视昭五端之义也。九皇之后，绌为附庸；六十四家徒为民，亲疏之义也。此盖孔子作新王之事，损益前代之法，《春秋》之大义。然此于《春秋》云尔。其于《书》，仍存周。所谓三皇五帝者，以寓天地人之道备，而三五之运兴之义。故伏生所传，与董子所说，有不同也。《古今》注："程雅问于董生曰：古何以称三王五帝？对曰：三皇者，三才也。五帝，五常也。"三才者，天地人也。五常可以配五行。董子之言，与伏生若合符节。故知三皇五帝为《书》说，三王、五帝、九皇、六十四民为《春秋》义也。[1]

---

[1] 或曰：《繁露》谓“汤受命而王，亲夏，故虞，绌唐，谓之帝尧，以神农为赤帝。周以轩辕为黄帝。因存帝颛顼、帝喾、帝尧之帝号，绌虞而号舜曰帝舜，推神农以为九皇。”明九皇六十四民，为周时制也。应之曰：此古人言语与今人不同，其意谓以殷周之事言之当如此，非谓殷周时实然也。或曰：《管子》曰：“古者封泰山、禅梁父者七十二家，夷吾所记，十有二焉。”下历举无怀、伏羲、神农、炎帝、黄帝、颛顼、帝喾、尧、舜、禹、汤、周成王之名，凡十二家。明三皇五帝，即在七十二家之中。应之曰：此亦古今言语不同。上云七十二家，乃极言其多。下云十二家，则更端历举所能记者，不蒙上七十二家言。此以今人语法言之为不可通，然古人语自如是，多读古书者自知之也。《庄子·胠箧篇》列古帝王称号，有容成氏、大庭氏、伯皇氏、中央氏、栗陆氏、骊连氏、轩辕氏、赫胥氏、尊卢氏、祝融氏，多在三皇以前。古人同号者甚多。大庭氏不必即神农、轩辕、祝融，亦不必即黄帝、女娲也。《礼记·祭法正义》引《春秋命历序》：“炎帝号曰大庭氏，传八世，合五百二十岁。黄帝，一曰帝轩辕。传十世，二千五百二十岁。次曰帝宣，曰少昊，一曰金天氏，则穷桑氏，传八世，五百岁。次曰颛顼，则高阳氏，传二十世，三百五十岁。次是帝喾，即高辛氏，传十世，四百岁。”又《曲礼正义》：“《六艺论》云：燧人至伏羲，一百八十七代。宋均注《文耀钩》云：女娲以下至神农，七十二姓。谯周以为伏羲以次有三姓，始至女娲。女娲之后五十姓至神农，神农至炎帝，一百三十三姓。”说虽怪迂，然三皇五帝，不必身相接，则大略可知，亦足为韩诗不得而数者万数作左证也。二千五百二十岁之二，闽本宋本作一。

附录：广疑古篇

刘子玄疑古之说，后儒多訾之，此未有史识者也。彼众人不知，则其论事，恒以大为小。今有十室之邑，醵资而为社，举一人主其事，意有不乐，褰裳去之可也。假为千室之邑，则其去之，有不若是其易者矣。受任于败军之际，奉命于危难之间，拂衣而去，在一人诚释重负。然坐视继任之无人，而国事遂至败坏，众民无所托命，必有蹙然不安者。古之居高位、当重任者，曷尝不思息仔肩？然终不得去者，固未必无贪恋权力，沈溺富贵之私，然念责任不得遽卸，不忍脱然而去，以坏大局，其情亦必有之。厚薄不同而已，非如世俗所测度。徒据高位，贪厚禄而不肯去；苟肯弃高位，舍厚禄，即无不可去，无不得去也。彼世俗之见，亦适成其为世俗之见而已。儒者之称尧舜禅让，而讥后世篡夺，将毋同？

子玄曰："魏文帝曰：舜禹之事，吾知之矣。汉景帝曰：学者无言汤武受命不为愚。斯并曩贤精鉴，已有先觉。而拘于礼法，限以师训，虽口不能言，而心知其不可者，盖亦多矣。”[1] 夫书传无说，而吾以意度，以为必然。书传有说，而吾以意度，以为必不然。此学者之所深訾，亦恒情之所不服。然天下事固有意度未必非，左证完具，未必是者。今谓自有地球，则天无二日，书传无征也。谓古者十日并出，则传有其辞矣。二者果孰是乎？盖治社会科学者，其视人之行为与物同。今夫无生之物，其变动，最易逆测者也。植物、动物，犹可逆测也。惟人则不然。虽甚圣智，不能必得之于至愚者矣。虽然，人人而观之，其举动殆不可测。而合全社会而观之，则仍有其必至之符。儒夫见弱，稽颡搏颊，壮士则有不肤挠不目逃者。其勇怯之相去，若莛与楹。

---

[1] 案，《汲冢纪年》明系伪物。其所以为伪，殆亦因口不能言，而托之于古与！

国民则未有见侮而不斗者也。且即人人而观之，其度量之相越，亦自有其限界，不能一为神而一为禽也。宋之田舍翁，其雄略，孰与唐之太宗？然宋太祖与唐太宗，则相去初不甚远。明之卖菜佣，其智力，孰与汉之郑康成？然以顾亭林与郑康成此[1]，则度长絜大，殆有过之。谓古今人不相及，姑以是砭末俗而寄其思古之情，则可矣；以是为实，殆不然也。然则谓后世惟有王莽、曹操、司马懿、刘裕、杨坚、李渊、朱温、赵匡胤，古独有尧、舜、禹、汤、文、武，无有是处。

子玄疑古，皆据《汲冢书》及

[1] “此”，疑为“比”之误。——编者注

《山海经》。此皆伪物，不足据。亦其所以不见信于世也。百家之言尧、舜、汤、武者多矣。非儒之于儒，犹儒之于非儒也。举其说，犹不足以服儒家之心。今试以儒攻儒，则其可疑者，亦有五焉。《书》曰：“无若丹朱傲，惟慢游是好，傲虐是作。罔昼夜頟頟。罔水行舟。朋淫于家。用殄厥世。”《释文》：“傲字又作奡。”《说文·奡》下引《虞书》，“若丹朱奡。”又引《论语》，“奡荡丹。”俞理初《癸已[1]类稿》曰：“奡与丹朱，各为一人，皆是尧子。《庄子·盗跖篇》曰：尧杀长子。《释文》引崔云：长子考监明。又《韩非子·说疑篇》云：《记》曰：尧诛丹朱。尧时书称

[1] “癸已”，当为“癸巳”。——编者注

允子朱，史称嗣子丹朱。朱至虞时封丹，则尧未诛丹朱。又据《吕氏春秋·去私篇》云：尧有子十人。高诱注云：孟引言九男事舜，而此云十子，殆丹朱为胤子，不在数中。其说盖未详考。《吕氏·求人篇》云：妻以二女，臣以十子。《吕氏》实连丹朱数之，而《孟子》止言九男；《淮南·泰族训》亦云：尧属舜以九子。合五书，知尧失一子。《书》又云殄厥世。是尧十子必绝其一，而又必非丹朱也。《管子·宙合篇》云：若觉卧，若晦明，若敖之在尧也。即《史记·夏本纪》若丹朱敖，《汉书·楚元王传》刘向引《书》无若丹朱敖之敖。房乔注云：敖，尧子丹朱。谓取敖名朱，若举其谥者，尤不成辞。案《说文》言丹朱奡，记语已偏举奡；

司马迁、刘向言丹朱敖，管子已偏举敖。则奡与朱各为一人，有三代古文为证，无疑也。《汉书·邹阳传》云：不合则骨肉为仇敌，朱、象、管、蔡是已。汉初必有师说。朱与奡以傲虐朋淫相恶，亦无疑也。故《经》曰奡额额，罔水行舟，则《论语》云奡荡舟也。《经》曰奡朋淫于家，则邹阳云骨肉为仇敌也。《经》曰奡殄厥世，则《论语》云不得其死。《孟子》《吕氏》《淮南》十子，九男之不同；《庄子》言杀长子；《韩非子》言诛丹朱，皆可明其传闻不同之故。又得《管子》《论语》偏举之文，定知言奡者不是丹朱矣。”[1] 予案，奡能罔水行舟，则其人必有勇力，似与舜抗而不胜。而尧其余九男，乃往事舜者，此可疑者一也。

太史公曰：“夫学者载籍极博，犹考信于六艺。《诗》《书》虽缺，然虞夏之文可知也。尧将逊位，让于虞舜；舜禹之间，岳牧咸荐。乃试之于位。典职数十年，功用既兴，然后授政。示天下重器，王者大统，传天下若斯之难也。而说者曰：尧让天下

---

[1] 赵耘崧《陔余丛考》曰：“羿善射，夏荡舟，解以有穷后羿及寒浞之子，其说始于孔安国，而朱汪因之。寒浞之子名浇，《左传》并不言奡。浇之荡舟，不见所出。陆德明《音义》，于丹朱傲云，字又作奡。宋人吴斗南，因悟即此荡舟之奡，与丹朱为两人。盖禹之规戒，若但作傲慢之傲，则既云无若丹朱傲矣，何必又曰傲虐是作乎？以此知丹朱与奡为两人也。曰罔水行舟，正此陆地行舟之明证也。曰明淫于家，则丹朱与奡二人同淫乐也。吴氏之说，真可谓铁板注脚矣。”

于许由，许由不受，耻之，逃隐；及夏之时，有卞随、务光者，此何以称焉？太史公曰：余登箕山，其上盖有许由冢云。孔子序列古之仁圣贤人，如吴太伯、伯夷之伦，详矣。余以所闻，由光义至高，其文辞不少概见，何哉?”史公此文，盖深慨载籍所传之说，与《书》义不符，欲考信而无从也。案宋于庭《尚书略说》曰：“《周礼》疏序引郑《尚书注》云：四岳，四时之官，主四岳之事。始羲和之时，主四岳者，谓之四伯。至其死，分岳事置八伯。皆王官。其八伯，惟驩兜、共工、放齐、鲧四人而已。其余四人，无文可知矣。案上文羲和四子，分掌四时，即是四岳，故云四时之官也。云八伯者，《尚书大传》称阳伯、仪伯、夏伯、羲伯、秋伯、和伯、冬伯，其一阙焉。郑注以阳伯为伯夷掌之，夏伯弃掌之，秋伯咎繇掌之，冬伯垂掌之，余则羲和、仲叔之后。《尧典》注言驩兜四人者，郑以《大传》所言，在舜即真之年，此在尧时，当别自有人，而经无所见，故举四人例之。案唐虞四岳有三：其始为、羲和之四子，为四伯。其后共、驩等，为八伯。其后伯夷诸人为之。《白虎通·王者不臣篇》：先王老臣不名。亲与先王戮力，共治国，同功于天下，故尊而不名也。《尚书》曰咨尔伯，不言名也。案班氏说《尚书》，知伯夷逮事尧，故居八伯之首，而称太岳。《春秋左氏》隐十一年：夫许，太岳之胤也。申、吕、齐、许同祖，故吕侯训刑，称伯夷、禹、稷为三后。知太岳定是伯夷也。《墨子·所染篇》《吕氏春秋·当染篇》并云：舜染于许由、伯阳。由与夷，夷与阳，并声之转。《大传》之阳伯，《墨》《吕》之许由、伯阳，与《书》之伯夷，正是一人。伯夷封许，故曰许由。《史记》尧[1]天下于许由，正傅会咨四岳、巽朕位之语。百家之言，自有所出。《周语》太子晋称共之从孙四岳佐禹。又云：昨四岳国，命为侯伯，赐姓曰姜，氏曰有吕。《史记·齐大公世家》云：吕尚，其先祖尝为四岳。佐禹平水土。虞、夏之际，封于吕，姓姜氏。此云四岳，皆指伯夷。盖伯夷称太岳，遂号为四岳。其实四岳非伯一人也。据此，则孔子于许由，未尝无辞，史公

---

❶ “尧”，后当漏“让”字。——编者注

偶未悟耳。而如宋氏之说，则四岳之三，即在四罪之中，岂不可骇？又神农姜姓，黄帝姬姓。《史记·五帝本纪》谓黄帝与炎帝战于阪泉之野，又谓黄帝与蚩尤战于涿鹿之野。其实阪泉、涿鹿，即是一役；蚩尤、炎帝，正是一人。予别有考。自黄帝灭炎帝后，至于周，有天下者，皆黄帝之子孙。而共工、三苗，则皆姜姓也。伯夷虽得免患，卒亦不能践大位。唐、虞之际，其殆姬、姜之争乎？此可疑者二也。《小戴记·檀弓》："舜葬于苍梧之野。"各书皆同。惟《孟于》谓"舜生于诸冯，迁于负夏，卒于鸣条"。未知何据。案《史记·五帝本记》[1]"舜耕历山，渔雷泽，陶河滨；

[1] "记"，当为"纪"之误。——编者注

作什器于寿丘，就时于负夏。”《索隐》引《尚书大传》：“贩于顿丘，就时负夏”，则史公、孟子，同用今文《书》说。《史记》下文又云：“南巡狩。崩于苍梧之野，葬于江南九疑[1]，是为零陵。”盖又一说也。古衡山，或以为在今湖南，或谓实今安徽之霍山。窃疑古代命山，所包甚广。衡、霍峰岭相接，实通名为衡山。衡者，对从而言，以其脉东西绵亘而名之也。而唐虞之世，所祀为南岳主峰者，则实为今之霍山。何者？禹会诸侯于涂山，又会诸侯于会稽，皆在淮南北浙东西之地。而三苗之国，衡山在南，岐山在北，至禹时犹勤兵力以征之，舜未必能巡守至此

❶ “九疑”，亦作“九嶷”。——编者注

也。自秦以前，戡定天下者，皆成功于今安徽。桀奔鸣条；武庚之叛，淮夷、徐戎并兴；楚之亡、亦迁寿春是也。窃疑舜卒于鸣条，实近当时之南岳。后人误以唐、虞时南岳，亦今衡山，乃并舜之葬处，而移之零陵耳。然无论其为鸣条，为苍梧，其有败逋之嫌则一。鸣条桀之所放，苍梧、九疑，则近乎舜放象之有庳矣。果其雍容揖让，何为而至于此乎？此可疑者三也。

《史记·秦本纪》："秦之先，帝颛顼之苗裔孙，曰女修。女修织，玄鸟陨卵。女修吞之，生子大业。大业取少典之子，曰女华。女华生大费，与禹平水土。已成，帝锡玄圭，禹受，曰：非予能成，亦大费为辅。帝舜曰：咨尔费。赞禹功，其赐尔早游，尔后嗣将大出。乃妻之姚姓之玉女。大费拜受，佐舜调驯鸟兽，鸟兽多驯服，是为柏翳。”正义：“《列女传》云：陶子生五岁而佐禹。曹大家注云：陶子者，皋陶之子伯益也。按此，即知大业是皋陶。”《索隐》曰：“寻检《史记》上下诸文，伯翳与伯益是一人不疑，而《陈杞系家》，❶即叙伯翳与伯益为二。未知太史公疑而未决邪？抑亦缪误耳？”案《陈杞世家》，叙唐虞之际，有功德之臣十一人：曰舜，曰禹，曰契，曰后稷，曰皋陶，曰伯夷，曰伯翳，曰垂、益、夔、龙。《索隐》曰：“秦祖伯翳。解者以翳、益则为一人。今言十一人，

❶ 原为“世家”，因避讳改。——编者注

叙伯翳，而又别言垂、益，则是二人也。且按《舜本纪》叙十人，无翳，而有彭祖。彭祖亦坟典不载，未知太史公意如何，恐多是误。然据《秦本纪》叙翳之功，云佐舜驯调鸟兽。与《舜典》命益作虞，若予上下草木鸟兽文同。则为一人必矣。今未详其所以。”案《陈杞世家》之文，盖漏彭祖。所以叙翳，又别言益者，以垂、益、夔、龙四字为句。虽并举益，实但指垂。此古人行文足句之例。详见予所撰《章句论》。十一人去舜得十，加十二牧，凡二十二人。《五帝本纪》上文云：“禹、皋陶、契、后稷、伯夷、夔、龙、垂、益、彭祖，自尧时而皆举用，未有分职。”次云：“命十二牧。”下乃备载命禹、弃、契、皋陶、垂、益、伯夷、夔、龙之辞，而终之曰："一嗟女二十有二人。"明二十二人，即指十二牧及前所举十人。特失命彭祖之辞耳。然则翳、益为一人不疑也。《夏本纪》曰："帝禹立，而举皋陶荐之。且授政焉。而皋陶卒，而后举益，任之政。"禹行禅让，而所传者反父子相继，何邪？此可疑者四也。《孟子》："万章问曰：'人有言：至于禹而德衰，不传于贤而传于子。有诸？'孟子曰：否，不然也。天与贤，则与贤。天与子，则与子。丹未❶之不肖，舜之子亦不肖。舜之相尧，禹之相舜也，历年多，施泽于民久。启贤，能敬承继禹之道。益之相禹也，历年少，施泽于民未久。舜、禹、益相去久远，其子之贤不

❶ "丹未"，当为"丹朱"。——编者注

肖，皆天也，非人之所能为也。莫之为而为者，天也；莫之致而至者，命也。”辨矣。然《淮南子》曰：“有扈氏为义而亡。”注:有扈，夏启之庶兄也。以尧、舜举贤，禹独与子，故伐启。启亡之。[1]《新序》曰：“禹问伯成子高曰：昔者尧治天下，吾子立为诸侯。尧授舜，吾子犹存焉。及吾在位，子诸辞侯而耕，何故？子高曰：昔尧之治天下，举天下而传之他人，至无欲也。择贤而与之，至公也。舜亦犹然。今君之所怀者私也，百姓知之。贪争之端，自此始矣。德自此衰，刑自此起矣。吾不忍见，是以野处也。”[2]《淮南》世以为杂家，而主于道，其实多儒家言。予别有

---

❶《齐俗训》。

❷《节士》。

考，今姑勿论。《新序》之为儒家言，则无疑矣，而其言如此。又《书·甘誓》序疏曰：“自尧、舜，受禅相承，启独见继父，以此不服，故伐之。”义疏所本，亦必儒家言也。然则夏之世继，儒家传说，亦有异辞矣。得毋三王之事，或隐或显，姑以意言之邪？其可疑者五也。

周公摄政，亦今古文之说不同。今文家谓武王克殷二年，天下未集，有疾，周公乃自以为质，告于大王、王季、文王。藏其策金縢匮中。武王崩。成王少。周公恐天下闻而畔，乃践阼，代成王。摄行政，当国。管叔及其群弟流言于国。周公告太公望，召公奭曰：我之所以弗辟，摄行政者，恐天下畔周，无以告我先王大王、王季、文王。于是卒相成王。管、蔡、武庚等，果率淮夷而反。周公乃奉成王命，兴师东伐。诛管叔，杀武庚，放蔡叔。宁淮夷东土，二年而毕定。周公归报，成王乃为诗诒王，命之曰《鸱鸮》。成王七年，成王长，能听政。周公乃还政于成王。初，成王少时，病，周公乃自揃其蚤，沈之河，以祝于神，曰：王少，未有识，奸神命者乃旦也。亦藏其策于府。成王病有瘳。及成王用事，人或谮周公。周公奔楚。成王发府，见周公祷书，乃泣，反周公。[1] 周公死，成王狐疑。欲以天子礼葬公，公人臣也。欲以人臣礼葬公，公有王功。天雷雨，禾偃，木拔。及成王寤金縢之

[1] 《史记·鲁周公世家》。

策，改周公之葬，申命鲁郊，而天立复风雨，禾尽起。[1]古文家以为武王崩，成王年十岁。年十二，丧毕，称己小，求摄。周公将代之。管蔡流言。周公惧。明年，出居东国，待罪以须君之察己。周公之属党，与知居摄者。周公出皆奔。又明年，尽为成王所得。周公伤其属党，无罪将死，恐其刑滥，又破其家，而不敢正言，乃作《鸱鸮》之诗以诒王。明年，有雷风之异。王乃改先时之心，更自新，以迎周公于东。周公反。则居摄之元年。时成王年十五。《书传》所谓一年救乱。明年，诛武庚、管、蔡等，《书传》所谓二年克殷。明年，自奄而还，《书传》所谓三年践奄。

[1] 《论衡·感类篇》。《后汉书·周举传》注引《尚书·洪范五行传》。

四年，封康叔，《书传》所谓四年建侯卫。时成王年十八。明年，营洛邑，故《书传》云五年营成周。六年制礼作乐。七年，致政成王。成王年二十一。明年，乃即政，年二十二也。❶案周公既以成王幼而欲摄政，而又出居东国，待罪以须君之察己，不合情理。自当以今文说为是。古文之说，盖误居东与奔楚为一谈也？周初之楚，在今丹、淅❷二水入汉之处。❸文王化行江汉，实得此以震荡中原。迨穆王南巡守不反，则自武关东南出之道绝，而王室之威灵稍替

❶《礼记·明堂位》《诗》《七月》《鸱鸮》《东山》疏。案，义疏所引，虽郑氏一家之言，然《论衡·感类篇》曰："古文家以武王崩，周公居摄，管、蔡流言。王意狐疑周公。周公奔楚。故天雷雨，以悟成王"，则郑所用，乃古文家之公言也。

❷"淅"，今作"浙"。——编者注

❸宋翔凤：《过庭录·楚鬻熊居丹阳武王徙郢考》。

矣。《左氏》昭公七年，“公将适楚。梦襄公祖。梓慎曰：襄公之适楚也，梦周公祖而行。子服惠伯曰：先君未尝适楚，故周公祖以道之。襄公适楚矣，而祖以道君”。可见周公奔楚，确有其事。此事自当如今文说，在成王亲政之后。谓属党之执，亦在斯时，则怡然冰释，涣然理顺矣。丹浙形胜之地，周公据之，意欲何为，殊不易测。其如何复反于周，亦不可考。发府见书之说，乃讳饰之辞，不足信也。雷风示变，因以王礼改葬；申命鲁郊，其事亦殊可异。《汉书·匈奴列传》：“贰师在匈奴岁余，卫律害其宠。会母阏氏病，律饬胡巫言：‘先单于怒曰：胡故时祠兵，常言得贰师以祠，今何故不用?’于是收贰师。贰师骂曰：‘我死，必灭匈奴。’

遂屠贰师以祠。会连雨雪数月，畜产死，人民疫病，谷稼不熟。单于恐，为贰师立祠室。”生则虐之，死又谀之，巫鬼之世，常有之矣，不足怪也。然则周公其果以功名终邪？此可疑者六也。

此等疑窦，一一搜剔，实不知凡几，今特就其较显著者言之耳。然儒家所传，是否事实，固已不能无疑。则亦无怪子玄之疑之矣。近人有孔子托古改制之说。其甚者，至谓三代以前，皆獉狉之世；尧、舜、禹、汤、文、武，为不知谁何之人；皆孔子造作，以寄其意。此亦太过。无征不信，岂能以一手掩尽天下目邪？且孔子固曰“我欲托之空言，不如见之行事之深切著明”矣。立说而蕲为世之所信，固莫如即其所信而增饰之。然则儒家之言，仍是当日流传之说；儒家特加以张皇，为之弥缝耳。仲任谓“圣人重疑，因不复定”，[1]其说最允矣。

然当日虽有此流传之说，而为之张皇其辞，弥缝其阙者，则固儒家为之，则亦足以考见儒家之主张矣。儒家之书言禅继之义者，莫备于《孟子·万章上》篇。今试就其言考之。其第一步，实在破天下为一人所私有之说，故曰：“天子不能以天下与人。”然则孰与之？曰：“天与之。”“天与之者，谆谆然命之乎？”曰：非也。“天视自我民视，天听自我民

[1] 《论衡·奇怪篇》。

听。”故舜禹之王，必以朝觐，讼狱之归，益之继世亦然也。此所谓“天与贤则与贤，天与子则与子”也，故曰：“唐、虞禅，夏后，殷、周继，其义一也。”设诘之曰：德若舜禹，必天之所生，欲命以为天子者也，而何以仲尼不有天下？则曰：“无天子荐之也。”设又诘之曰：启、太甲、成王之德，不必如益、伊尹、周公也，而何以益、伊尹、周公不有天下？曰：“继世而有天下，天之所废。必若桀纣者也。”如常山蛇，击首则尾应，击尾则首应，其立说可谓完密矣。当时虽未能行，卒赖其说，深入于民心，而二千年后，遂成国为民有之局。诵儒家言者，尊孔子为制法主，宜哉。于史事不谛，而以意为说，不独儒家然也。《韩非子·忠孝》

曰："瞽叟为舜父，而舜放之。象为舜弟，而舜杀之。放、父杀弟，不可为仁。妻帝二女，而取天下，不可为义。"《外储说》曰："燕王欲传国于子之也，问之潘寿。对曰：禹爱益，而任天下于益，已而以启人为吏。及老，而以启为不足任天下，故传天下于益。而势重尽在启也。已而启与友党攻益，而夺之天下。"舜禹曾操懿之不若矣，然《五蠹篇》则曰："尧之王天下也，茅茨不翦，采椽不斫；粝粱之食，藜藿之羹；冬日麑裘，夏日葛衣。虽监门之服养，不亏于此矣。禹之王天下也，身执耒臿，以为民先；股无胈，胫不生毛。虽臣虏之劳，不苦于此矣。以是言之，夫古之让天子者，是去监门之养。"则说又大异。何哉？一以明让非定位一教之道，一以明争让由于养之厚薄也。皆取明义而已。事之实不实，非所问也。子玄所谓“轻事重言”者也。

或曰：古之让国者亦多矣。许由、务光、王子搜[1]等，姑勿论，其见于故书雅记者，若伯夷、叔齐，若吴泰伯，若鲁隐公，若宋宣公，[2]若曹公子喜时，[3]若吴季札，[4]若邾娄叔术，[5]若楚公子启，[6]皆是也。尽子虚邪？曰：夷齐之事，殊不近情。周大王之为人，何其与晋献公相类也？此外苟察其实，有一如儒家所传，尧、舜、禹授受之事者邪？

---

[1] 《庄子·让王》《吕览·贵生》。
[2] 《春秋》隐公三年。
[3] 《成公》十六年。
[4] 《襄公》二十九年。
[5] 《昭公》三十一年。
[6] 《哀公》八年。